ヒストリカル・ガイド

A Historical Guide to Russia

ロシア

Russia

和田春樹

山川出版社

ウスペンスキー聖堂。1475〜79年建立。モスクワのクレムリンのなかにある。かつて皇帝の戴冠式がおこなわれた。ここで，大統領の就任の祝福がおこなわれる。

ピョートル1世の冠(モスクワ，クレムリン博物館蔵)。

イコン「ボリスとグレープ」。15世紀の制作(ペテルブルク，ロシア博物館蔵)。

イコン「三位一体」。ルブリョフ作，15世紀初め(モスクワ，トレチャコフ美術館蔵)。

ネルリ河畔に建つポクロフ聖堂。アンドレイ・ボゴリューブスキーが，1165年に建立した。

帝立科学アカデミー(ペテルブルク)。クウァレンギの設計により，1783〜89年に建立された。1804年の書物の挿絵より。

血の上の救世主教会(ペテルブルク)。アレクサンドル2世が暗殺された地点に，1882〜1907年にかけて建立された。

ポーランドからの侵略を「警戒せよ」と呼びかける
トロツキーのポスター。モール作，1920年。

クーデタに勝利したモスクワ市民のデモ(1991年8月)。
三色旗がロシアの国旗となる。

北部ロシア農村の老婆。手にもつのは伝統的な農具。
背景は村の一部。

もくじ

●ロシア史の人物紹介

ヒストリカル・ガイド　ロシア

はじめに

ロシアが世界に与えたもの

ロシアはユーラシア大陸に広がる大国で、二十世紀においてアメリカとともに世界の運命を左右する国となった。しかし、アメリカと同様に、その歴史は比較的若いのである。人工的な植民国家アメリカは極端に若い国家だが、ロシアの国家形成も十世紀にしかさかのぼれない。十世紀は日本では平安時代で、世紀末には『源氏物語』の著者紫式部が登場するのである。

遅くスタートしたロシアだが、十八世紀初めには、ピョートル大帝（一世）が出て、まさに遅れた走者の途方もないスピードでの追い上げの例を世界に示した。それがロシアが世界史に与えた最初の衝撃であった。そしてピョートルのモデルをもっともよく学んだのは、十八世紀末の日本人であった。渡辺崋山や佐久間象山などは、ピョートルを讃美していた。彼らは志なかばで死んでしまったが、生きながらえて明治維新をなしとげた指導者たちも、ピョートルが実権を握った直後にヨーロッパに大使節団を送って学んだのをまねて、遣欧使節団を送るほど、ピョートルの弟子たらんとしていた。

遅く近代化の道にはいったロシアは、つぎに十九世紀に、その文学、音楽、バレエ、演劇で世界の人々の心をつかんだ。創造のエネルギーがこの若い国民の身体のなかで一挙に爆発したかのようであった。トルストイとドストエフスキーは、世界文学の巨峰としてそびえ立った。チャイコフスキーのオペラとバレエ組曲の魅力は、古典そのものである。ロシアのバレエは、帝政時代は皇室の庇護を受け、ソ連時代は共産党国家の庇護を受けて発展し、ペレストロイカ以降の今日もその水準を維持している。

新しい文明を求めた試み

しかし、なんといっても、ロシアが世界史を揺るがしたのは、世界戦争の時代のなかで、十月革命をやり、人類が知らない新しい文明、国家社会主義体制を実現したことである。世界恐慌のどん底に突き落とされた資本主義世界のうえに「計画経済」は驚くべき救いの原理としてなりひびき、未来を指し示す原理だと、立場をこえて受け取られた。「五カ年計画」という言葉は、世界的な流行語となった。そして、その体制の力で凶悪なヒトラー・ドイツを倒し、その盟邦であった日本を降伏に追い込むのに役割を果たした。

革命は無血だったが、続く内戦は悲惨なもので、おびただしい死者と難民が生まれた。そして、国家社会主義体制を完成するのにも、おびただしい犠牲が出たし、できあがった体制をドイツと日本から守ろうとして、驚くべき規模のスパイさがしをやった。そのうえに戦争は二七〇〇万人という死者と難民を出した。

体制をつくるのにも、守るのにも、こんなに犠牲をはらったのに、ロシア人は完成から五〇年たった体制を、二十世紀の最後に、一切の予想をこえて、あっさりと解体することに決めたのである。

今ではロシア人の多くが社会主義の七〇年間をあしざまにいって、「失われた時代」と考えているようだ。しかし、その時代をロシア人の歴史と生活から取り除くことはできない。ほかのすべての時代と同様に、それをロシア史の一時代として、ロシア史像のなかに取り込み、受け継がれたもの、清算されたものを考えていかなければならないのである。

ロシア史の新しい時期区分

そこで本書では、時期区分の新しい試みをした。中心となる都市、首都の移動をもってする時期区分である。まず、ロシアの歴史はキエフ・ルーシの時代で始まり、その分裂・没落ののち、モスクワ大公国の時代となる。十八世紀、ピョートル一世の時代に「ヨーロッパへの窓」として新しい首都ペテルブルクを建設し、ロシア帝国の時代が始まる。二十世紀の初め、首都を中心に革命が起こり、ロシア帝国は崩壊する。そして、革命の首都はペテルブルクからモスクワへ移る。「ヨーロッパへの窓」からロシアの古い中心に、社会主義をめざす国家の首都が移ったのである。

モスクワは「赤いモスクワ」として、全世界の共産主義者があおぎみる社会主義ソ連の首都となった。スターリンはクレムリンの主人となった。ヒトラー・ドイツが攻め込んで、ソ連敗北の危機が迫ったとき、モスクワはたえぬき、ついに陥落しなかった。

一九八六年から始まったペレストロイカのなかで、ソ連共産党とソ連は危機をむかえ、ついに九一年、保守派のしかけたクーデタが引き金となって、その歴史を終えることになった。モスクワはソ連にかわるロシア連邦の首都となった。今日、光り輝く資本主義的モスクワは、苦しむロシア全土のうえにそびえている。すぎた社会主義の時代は、ペテルブルク時代に続く、第二のモスクワ時代の第一部だということになる。だが、今日のモスクワの基本的風景は、社会主義時代につくられたものである。全ロシアがそうだといっていい。

ロシアと日本

日本からロシアへ旅する人は、今ではほとんどみながモスクワへノン・ストップで飛ぶ飛行機ででかける。そこからロシアの各地へさらに進んでいくことになる。しかし、十八世紀の終わりから二十世紀初めまでは、人々はまず船出してヴラジヴォストークに上陸し、それからシベリア鉄道に乗って、モスクワへ向かったのである。そのような旅は、モスクワと東京を隔てている途方もない距離の感覚を与えると同時に、そのあいだに住んでいる人々の生活に触れる機会を与えたのである。日本人とロシア人との関係は、両首都のあいだに住む膨大な人々との関係の総体をいうのであった。そのような感覚が失われて久しい。ソ連の作家エレンブルクは、冷戦時代にも例外的によくでかけた人であったが、「空港はどこも同じように見える」と言ったことがある。飛行機の旅はまた、人々の歴史、悩みや苦しみを簡単に飛びこえてしまうものであるようだ。

もちろん過去の歴史の一定の時代には、ロシア人と日本人は、あいだの領土をどのように分け取るか、あいだにいる諸民族をどちらが支配するか、という観点でものをみていた。アイヌと朝鮮人はそのような侵略・併合の対象となった人々である。今はそのような時代ではない。諸国民、諸民族は相互に尊重しあい、助けあって生きていかねばならない。そうであればあるだけ、近い者同士のつきあいの連鎖・総体として日露関係をとらえなおすことが必要になる。ロシア人とアイヌと日本人、日本人と朝鮮人とロシア人の関係を、新しい助けあいの関係のなかで再建しなければならない。そういうふうな気持ちで歴史をみ、歴史像をつくらねばならないのである。

実際、ロシアは今日、日本にとってもっとも近い隣国である。ロシア人は、根室と稚内のすぐそばに住んでいる。そういう関係のなかで、一七九二年にロシア側が漂流民大黒屋光太夫らを送り届けながら、鎖国日本に開国を求めてきたのである。それからの二百年余の歴史のなかで、日本とロシアはいくどとなく戦争した。そして、今日は領土問題が未解決ということで、平和条約が五〇年以上も結ばれていない。これはあまりに不正常である。日露両国民の相互理解、相互信頼を高めるなかで、この状態は正されなければならない。

ロシア史を深く知り、新しいロシア史像をつくることは、日本とロシアの相互理解を高めるための基礎作業といえるであろう。

序章　ロシア――風土と文化

ロシアとはなにか

一九九一年十二月二十五日、ソ連の大統領ゴルバチョフは大統領辞任の演説をおこなった。彼が話しおえると、クレムリンの上の槌と鎌の赤いソ連国旗が静かにおろされ、白青赤のロシア国旗があがった。ソ連、ソヴィエト社会主義共和国連合が幕を閉じ、ロシア連邦が継承国家として登場した瞬間であった。国家の変化は、領土の変化をもたらした。しかし、この国の変わらぬ中核をロシアと考えることができる。

最初は東スラヴ人の国であった。キエフを都とするキエフ・ルーシ、キエフ大公国である。その分裂の結果、キエフ大公国は没落し、こんどは北のヴラジーミル大公国、続いてモスクワ大公国が台頭した。この分裂の過程で東スラヴ人の言語的統一は失われ、モスクワ中心の大ロシア人、キエフ中心の小ロシア（ウクライナ）人、西部のベロルシア人の三つに分かれた。モスクワ大公国の力は増し、十六世紀にはシベリアに向かって膨張し、十七世紀にはポーランド、リトアニアの支配下にあったウクライナを合併するにいたった。

ロシアという国名が正式に生まれたのは、十八世紀初めのピョートル一世の時代、ロシア帝国成立のときである。このとき、白青赤の三色旗がこの国の船の旗として使われるようになった。生まれたロシア帝国には新領土、バルト地方が含まれていた。以後の膨張のなかで、フィンランド、ポーランド、カフカース、中央アジア、極東沿海地方が獲得されていく。一八八四年、中央アジアのメルヴの占領をもって、ロシア帝国の版図は最大になった。

ロシア帝国は一九一七年の革命で崩壊した。一九一八年、ロシア社会主義ソヴィエト共和国の成立が宣言されたが、領土は明示されず、この国家の権力がどこまでおよぶかは、しばらくははっきりされないままであった。革命直後から内戦の終了時までに、フィンランド、ポーランド、バルト三国は独立した。一九二二年に、内戦に勝利した四つのソヴィエト共和国、ロシア、ベロルシア、ウクライナ、ザカフカース連邦の代表たちが集まって、ソヴィエト社会主義共和国連合（ソ連）を結成した。同年の極東共和国の合併、一九二四〜二五年のソヴィエト化した中央アジアの再編統合などにより、領土はさらに広がった。最終的には、一九四〇年のバルト三国の併合、ルーマニア領ベッサラビア（モルドヴァ）の占領で、ソ連は一五共和国の連合となった。結局、ソ連の領土はロシア帝国からポーランドとフィンランドを除いただけのものとなったのである。この意味で、ソ連はロシア帝国を再建し、継承したのである。

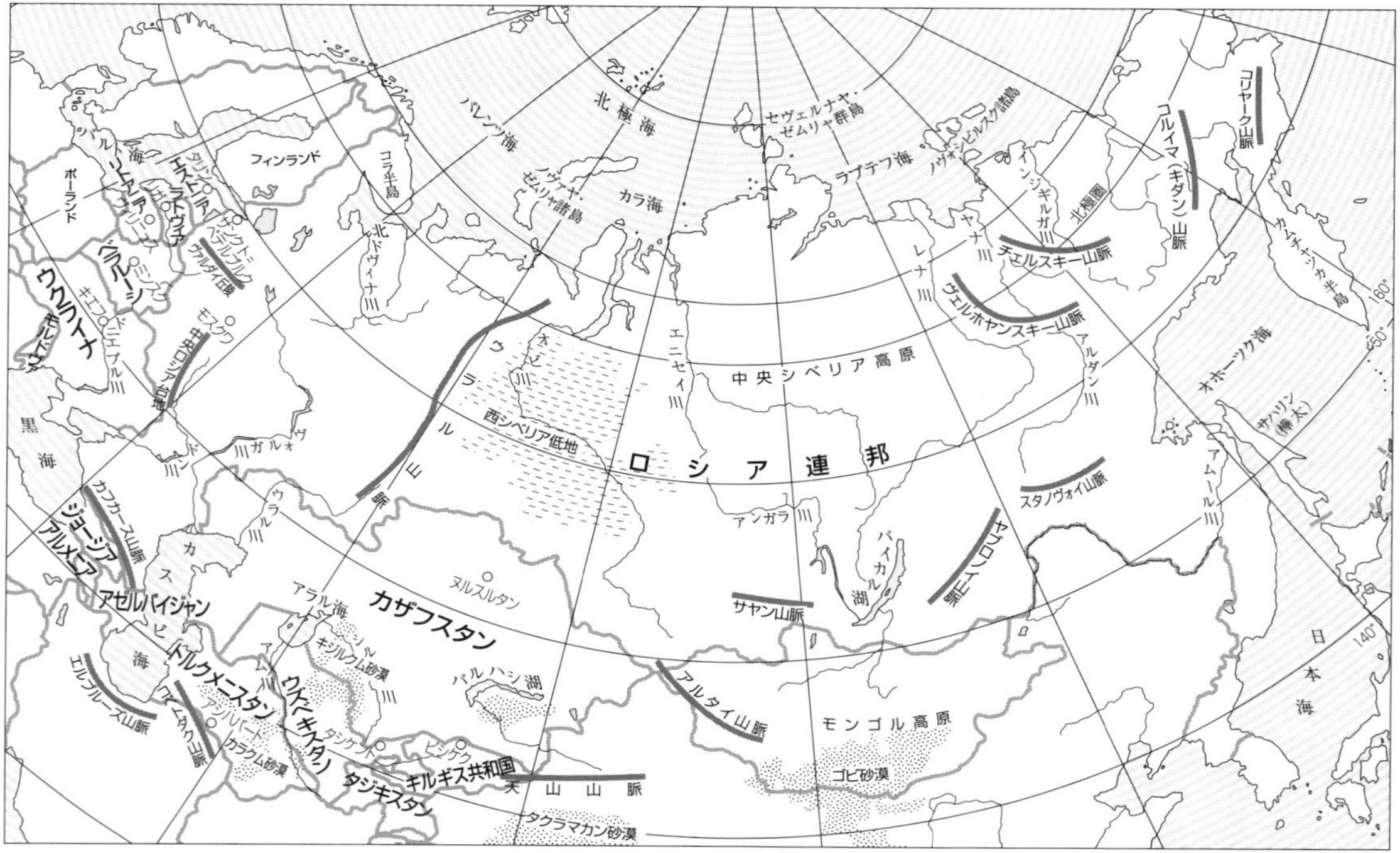
北極海
バレンツ海
カラ海
ラプテフ海
セヴェルナヤ・ゼムリャ群島
ノヴァヤ・ゼムリャ諸島
ノヴォシビルスク諸島
フィンランド
ポーランド
エストニア
ラトヴィア
リトアニア
ベラルーシ
ウクライナ
モルドヴァ
ジョージア
アルメニア
アゼルバイジャン
トルクメニスタン
ウズベキスタン
タジキスタン
キルギス共和国
カザフスタン
ロシア連邦
コラ半島
北ドヴィナ川
サンクトペテルブルク
ヴァルダイ丘陵
モスクワ
中央ロシア台地
キエフ
ドニエプル川
ドン川
ヴォルガ川
黒海
カフカース山脈
カスピ海
エルブールズ山脈
コペトダグ山脈
アシハバード
カラクム砂漠
アムダリア川
アラル海
シルダリア川
キジルクム砂漠
タシケント
ビシケク
ウラル川
ウラル山脈
オビ川
西シベリア低地
ヌルスルタン
バルハシ湖
天山山脈
タクラマカン砂漠
エニセイ川
中央シベリア高原
アンガラ川
サヤン山脈
アルタイ山脈
バイカル湖
ヤブロノイ山脈
モンゴル高原
ゴビ砂漠
レナ川
ヤナ川
インジギルカ川
北極圏
チェルスキー山脈
ヴェルホヤンスキー山脈
アルダン川
スタノヴォイ山脈
アムール川
コルイマ（キダン）山脈
コリヤーク山脈
カムチャツカ半島
オホーツク海
サハリン（樺太）
日本海
160°
150°
140°
ロシアの地勢

一九八六年からペレストロイカが始まり、九一年のクーデタと革命にいたって、ソ連は解体した。バルト三国がまず独立し、ほかの共和国もそれぞれ独立したうえで、独立国家共同体を結成した。ソ連軍はさしあたり、独立国家共同体軍となった。対外的にソ連を継承したのは、旧ソ連の領土・人口の過半を占めるロシア・ソヴィエト社会主義連邦共和国であった。この国はロシア連邦と改称し、三色旗を国旗と定めた。現在の領域は、十七世紀前半のモスクワ大公国に東シベリア、極東をあわせたといったところである。ロシア連邦の人口中、大ロシア人は八割を占める。しかし、残り二割は多くの少数民族からなり、連邦内の共和国も二〇を数える。ロシア連邦もソ連同様、多民族国家なのである。しかもロシア人はカザフスタンの人口の三割、ウクライナの人口の二割を占めるなど、旧ソ連のいたるところに生きている。

ウクライナ、ザカフカースの三国（ジョージア〈グルジア〉、アルメニア、アゼルバイジャン）、中央アジアの五国（カザフスタン、ウズベキスタン、キルギス共和国、トルクメニスタン、タジキスタン）は、今はますます独立性を高め、独立国家共同体の絆は弱まっている。しかし、ベラルーシ（ベロルシア）だけはロシアと国家連合をあらたに結び、再統合の道を歩んでいる。

歴史のなかでロシアを考えるとき、ロシアと名乗る国が対象となるのは当然だが、その国自体も、ロシア人を中心にロシア語で交流している諸民族の世界であることを理解しなければならず、またその世界が、ロシアと名乗る国の外にも広がっていることをも考え合わせなければならない。

国土と気候

ロシアの国土の特徴は、その限りない大地の広がりにある。バルト海のほとりから太平洋の岸まで山らしい山はなく、ロシアはひとつながりの巨大な平原である。その平原は、森とステップ（草原）、そして極北の凍土（ツンドラ）と南の砂漠に分れている。

森は東スラヴ人のふるさとである。彼らは森を切り開き、農業に従事した。森はまた、外敵から身を守る盾でもあった。東スラヴ人が森のなかからでると、そこにステップが開けていた。

ステップは、東方から騎馬民族の軍勢が押しよせる通路であった。「果てもないステップ」はまた、ロシア人にとって限りない探求の場であり、そこで死んでいく運命の地であった。「広大な世界を想う気持ち」「広大な空間を前にした喜び」がロシア人の心性を特徴づけていると、ロシア文化研究の大家リハチョフは述べている。それはステップを見るロシア人の気持ちである。

このステップを仕切るのは、北から南に流れる大河である。最大の川ヴォルガ川は、十九世紀の民謡「スチェンカ・ラージン」では「ヴォルガよ、ヴォルガ、生みの母よ」「ヴォルガはロシアの川だ」と歌われているが、元来はアジア人の川であった。カスピ海河口のハザール・カガン国、中流域のキプチャク・ハン国、オカ川との合流点のカザン・ハン国――ロシアの運命に大きな影響をもった強大な隣国は、いずれもヴォルガ川のほとりに都を構えた。タタール人、モンゴル人はこの川を「イティル」と呼んだが、これはハザールの都の名からきている。それだけにこの川が「ロシアの川」となったときが、ロシアが東に膨張していき、シベリアがロシアの一部になっていく歴史の始まりであった。

ロシアの農村風景

ヴォルガ川に比べると、より西に位置して、黒海に流れ込むドン川は、「スラヴ人の川」と呼ばれた。ドン・カザークの発祥地であり、ショーロホフの長編小説『静かなドン』の舞台である。ソ連時代に、ヴォルガ川とドン川は運河で結ばれた。

さらに、西の大河ドニエプル川は東スラヴ人の川であり、彼らの最初の国家の都キエフはそのほとりに位置する。今はウクライナの川である。

北の国ロシアの気候は厳しい。緯度でいえば、南端の黒海のほとりが北海道北端の稚内にあたり、ロシアの全土がサハリンと同じか、それ以上の緯度にある。夏は束の間だが、日照時間が長く、ペテルブルクでは白夜となる。すぐに秋がくる。秋は木々が色づき、「黄金の秋」と呼ばれる。長い冬は日照時間が短く、モスクワでも朝は九時にならねば明るくならず、夕方は四時には暗くなる。

厳しい気候の条件は、農業の発展にとっての障害となり、生産性は上がらなかった。シベリアの森、タイガーに棲む獣の毛皮が高価な商品としてヨーロッパに売られたのだが、それもとりつくされた。豊富な地下資源に恵まれながら、ロシアの経済発展は、長らく緩慢とならざるをえなかった。

言語と宗教

ロシア語はスラヴ語のひとつで、キリル文字三三個のアルファベットからなり、格変化はドイツ語より多い。だが、その特徴はきわめて自由な言語であるということである。語順というものが相当に自由である。be動詞は省略が可能であり、冠詞はまったくない。単語には外来語が多く、基本語彙にもギリシア・ローマ出自のことばとタタール・トルコ出自のことばがいりまじっている。たとえば「ツァーリ tsar'（皇帝）」は、ラテン語の「カエサル caesar」がロシア語の「ツェーザリ tsezar'」になり、それから生まれたことばである。「タヴァール tovar（商品）」はトルコ系の「財産、家畜」を意味することばからきており、「ジェーニギ den'gi（お金）」はタタール、モンゴル語の「テンケ」「テンゲ（銀貨）」からきており、「ヤームシチク yamshchik（御者）」はモンゴルの駅伝制度、「ジャムチ」からきたことばであるという。

商業・交通にかかわる基本的なことばが本来のロシア語ではないということは、ロシア農民にとって商取引は外から、アジアからもたらされたものであることを示唆している。ギリシア・ローマ出自のことばが多いのは、いうまでもなく東方キリスト教、正教を受容したためである。

正教会は、プロテスタント教会とも、カトリック教会とも異なっている。その儀式は美しい。聖堂内の正面にはイコンという板画を聖像としてならべた壁、イコノスタスがあり、信者と対している。正教は、教会の儀式を通じて神との合一を身体的にも経験するという志向をもっている。イコンは独特な美の世界である。アンドレイ・ルブリョフやフェオファン・グレクらの名の知れた画家のほかにも、無名の画工たちが無数の美しい聖画を残している。さらに、正教会ではカトリック教会のようにパイプオルガンを使うこともなく、プロテスタント教会のようにオルガンを使うこともない。無伴奏で、人間の声の力だけによって聖歌が歌われる。ロシア人の音楽性は、この教会で磨かれたのである。

神学的には、カトリック信仰では天国と地獄のあいだに煉獄を想定するのにたいして、正教では天国と地獄しか想定しない。正教は二元論的であって、中間的なものを否定する考えに結びつくものだとロシアの文芸学者ロートマンが指摘している。

暦について

キリスト教改宗以前のルーシでは、太陰太陽暦を用いていたようである。そのなごりは、三月は白樺月、五月は草月、八月は鎌月、十月は落葉月といったスラヴの古い月の名前に残っている。キリスト教受容とともに、ルーシは十世紀から太陽暦のユリウス暦を取り入れた。月の名前はローマ風になり、一週七日も受け入れられた。紀元はビザンツ紀元で、これはローマ誕生から七五四年目の年を天地創造から数えて五五〇九年とみるものである。だから、『原初年代記』では、キリスト教受容の年

（九八八年）は六四九六年と表記されている。西欧では当時、キリスト誕生紀元が一般化していたので、ルーシは暦のうえで独特な世界をなすことになったのである。年の始まりはローマからの伝統で三月一日からとしていたが、イヴァン三世の治世、一四九二年からは九月一日を年の初めとするように変わった。ロシアの暦のこの独特な状態は、十七世紀末まで続いた。

改革者ピョートルは、七二〇八年十二月三十一日の翌日を一七〇〇年一月一日とするとの勅令をだして、天地創造紀元をキリスト誕生紀元に改め、かつ一月一日を年の初めとした。しかし、ユリウス暦はもとのままであった。ローマ法王グレゴリウス十三世が創始したグレゴリウス暦は、十八世紀末までに西欧の新教諸国も採用するにいたったのだが、ロシアは孤塁を守った。ロシア暦は十八世紀には一一日、十九世紀には一二日、二十世紀には一三日、グレゴリウス暦よりも遅れていた。

ようやくロシアがグレゴリウス暦を採用したのは、ロシア革命後の一九一八年一月十八日の法令によるもので、同年一月三十一日の翌日を二月十四日とすることとされたのである。

本書では、一九一八年の改暦以前は、とくに注記しないかぎり、ロシア暦を用いている。

祝祭日

古くから、ロシアは正教会の祝日を祝ってきた。ロシア革命以後は、それは社会の表面からは消えていたが、今はそれが復活している。

ロシアの正教会の祝日は、農耕と結びついている。もっとも重要なのは、冬を送り、春を迎える祭りである。まずマースレニツァ（謝肉祭）がパスハ（復活祭）の七週間前と決められている。ほぼ二月である。これは、冬の最中に冬を送る祭りである。この日は、氷の山からそりで滑るという遊びがよくおこなわれてきた。これは男性の場合、下腹部を大地と接触させ、大地に実りのための種付けをするというキリスト教以前の信仰に基づくといわれている。パスハは、春分のつぎの満月に続く日曜日におこなわれる。儀式には、彩色した卵がつくられ、墓地で卵ころがしがおこなわれた。これも、大地に生命を吹き込むという考えからおこなわれている。夜、聖堂のまわりを十字架行進がめぐる。司祭が「キリストは蘇り給いたり」と唱えると、信徒たちが「ヴォイスティヌ・ヴォスクレセ（真実蘇り給いたり）」と答えるのである。ブレジネフ時代には、青年層が教会の行事に関心をもたないように、このパスハの夜はテレビでアメリカの映画を放映するとか、人気歌手が出演する音楽番組を放送するとか、妨害の努力があったといわれた。今は昔話である。

ソ連時代には、祝日はイデオロギー的な意味をもたされていた。今は共産主義は過去のものといわれるが、五月一日のメーデーと五月九日の対独戦勝記念日は、今日でも国民のなかに定着していて、これをなくすことはありえない。三月八日の国際婦人デーは休日ではなかったが、女性にたいする感謝の日として、同僚、先輩、先生、上司の女性に花を贈る習慣は完全に定着している。これもまた、春を迎えるロシア人の現代的な祭りとなっているのである。問題は、十一月七日の革命記念日である。これは今日のロシアでは、祝日からはずされた。共産党の人々はこの日、集会デモをしているが、それは政治的な動きとみられている。

第1章　キエフ・ルーシ

騎馬民族と農民

カスピ海の北岸から黒海の北岸にかけて広がるステップは、東から西へ向かう騎馬民族のとおる回廊だった。ただとおりすぎるだけでなく、定着して自分たちの国家をつくる者もでた。

古代ギリシア人は黒海北岸の草原の地をスキュティアと呼び、そこに住む人々をスキタイ人と呼んだ。紀元前六世紀から前三世紀ころにかけて、この草原に強力な国家をつくっていたスキタイ人については、今日なお不明の部分が多い。高塚（クルガン）から出土する動物意匠の精巧な金細工は、エルミタージュ美術館で見ることができる。

スキタイ人は同じイラン系のサルマタイ人に滅ぼされた。紀元前三世紀から紀元四世紀まで、ドン川から東の草原を支配したのはサルマタイ人であった。紀元一世紀なかばに、ヴォルガ川とウラル川の流域には東からきた騎馬民族のフン族が住みついた。三七二年ころ、彼らは西進を開始した。黒海北岸の草原の地を進み、東ゴート人の地にいたり、それを占領した。この攻撃によって、ゴート人の移動が始まる。いわゆる民族大移動である。フン族はさらにドナウ川流域をも支配下にいれ、四三三年、アッティラ王のときに最大の帝国を築くにいたった。二〇年後、王が死ぬと、帝国の崩壊が始まる。

フン族がとおった回廊部分の北、ドニエプル、プリピャチ、ヴィスワ、ドニエストルの四つの川に囲まれた森の世界が、ローマ人の史書では「ヴェネト」と呼ばれたスラヴ人の故地であった。フン帝国の崩壊にともなって、スラヴ人はゆっくりと、南と東北と西に拡大した。そのおのおのが、南スラヴ、東スラヴ、西スラヴとなっていくのである。スラヴ人はインド゠ヨーロッパ語族に属し、森を切り開いて焼畑農耕や牧畜を営んだ。漁労も養蜂もおこなっている。社会的には氏族的な部族をなしており、祖霊信仰をもっていた。雷神ペルーンを最高神とする神々を崇拝していた。六世紀には、彼らがバルト海のほとりからドニエストル川までの地の主人公になった。

だが、六世紀には、またもや中央アジア方面からアヴァール人が西進し、ドナウ川の西に国家を建てた。続いてトルコ系の遊牧民族が南の草原にあらわれた。彼らは、ビザンツ帝国と同盟して勢力を伸ばし、ヴォルガ川河口のイティルを本拠として、七世紀なかばにハザール・カガン国をつくった。彼らの力は北カフカースにも広がった。彼らは漁労もし、ぶどうの栽培もした。現在のカスピ海は、元来は「ハザール人の海」と呼ばれていたのである。この国は、八世紀にはイスラムの教えで統一したアラブ人のアッバース朝の攻撃を受けるが、それにたえぬいた。

ビザンツ帝国で強制改宗を迫られたユダヤ教徒はハザールの地に逃れた。アッバース朝のもとで抑圧されたユダヤ教徒もハザールの地に向かった。文化的に高いユダヤ人商人を迎え入れたハザールは、本来はシャーマン的信仰の国であったが、九世紀になると治者を先頭にユダヤ教に入信するにいたった。王はシナゴーグ（教会）と学校を建て、ユダヤ教学者を招いた。しかも、この国には宗教的な寛容が存在し、キリスト教もイスラム教も含め、さまざまな宗教が共存していた。このことも原因となって、ハザールの商業は広く拡大し、東は中国から西はスペインにおよんだ。スペインのユダヤ教徒から、ハザール王のもとに憧憬の手紙がよせられている。

この強力な繁栄する国家は、氏族社会の段階にある農耕牧畜民スラヴ人の世界にも大きな影響をおよぼした。九世紀のなかばには、ハザールはスラヴ人に貢税を課すようになった。東スラヴ人の歴史は、ハザールの支配と影響のもとで始まったといっていい。

ルーシ建国と建国神話

他方で七世紀には、北からデンマーク、スカンディナヴィアに住むノルマン人が、各地に進出してくるようになっていた。彼らは海からきて、川を進んだ水上武装集団として、ヴァイキング、ヴァリャーギ、ルース人と呼ばれる。彼らも交易に熱心であった。ルース人は南下してクリミア半島に拠点をつくった。

こうして農耕民のスラヴ人は、南からのハザールと北からのルース人に挟撃される立場にあったの

ヴァリャーギ　ラジヴィル年代記（15世紀）より。

である。

やがて、このノルマン人たちがスラヴの地の支配者となっていく。神話はこの過程をスラヴ人の選択として説明している。原初年代記『過ぎし歳月の物語』は、八六二年の項につぎのように書いている。北のイリメニ湖畔の町ノヴゴロドのスラヴ人は、ヴァリャーギと戦って彼らを追い出したが、自分たちのあいだの対立を解決できなかった。そこで、自分たちを統治して、すべてのことを公正に裁いてくれる公（クニャーシ）をさがそうということになった。代表はヴァリャーギのもと、ルース人の地へ赴き、つぎのようにいった。

「われらの国は大きくて、豊かだ。しかし、秩序がない。きたりて、公として君臨し、われらを統治せよ。」

このことばを聞いたリューリクが兄弟たちとともにスラヴ人の地へ赴くことに同意した。リューリクは衛士隊とともにノヴゴロドにはいり、兄弟たちはさらに各地へ向かった。彼らが公として統治する地がルーシの国と呼ばれるにいたった。リューリク朝の始まりである。

この伝承をめぐっては長い論争があったが、今日ではほぼそのまま受け取られている。ノルマン人はフランスにも、イギリスにも、シチリアにも王朝を開いており、このケースも彼らの膨張の一例とみられる。そして、ほかのすべてのケースにおけるごとく、彼らは自らの支配する民に同化した。スラヴ人の側からすれば、ノルマン人、ルース人の軍事力、政治力を受け入れて、ハザール王国やそのほかのアジア系遊牧騎馬民族に対抗することにしたとみることができる。

年代記の記述によれば、リューリクの部下であるアスコリドとジルが南にくだり、ハザールに貢税をはらっていたキエフのスラヴ人を統治するようになった。のちの研究では、アスコリドとジルはリューリクの部下ではなく、時期も九世紀の初めだったという見解もでている。ドニエプル川の右岸の町キエフの起こりは、ハザール王国の西の砦であったといわれる。この町にも当然ながらユダヤ人の大きな居住区があった。この町の支配は、力を生んだ。

ノヴゴロドのリューリクは死に臨んで、幼い息子イーゴリを親戚のオレーグに託した。オレーグは八八二年、イーゴリをともなって南下し、アスコリドとジルを殺して、キエフを支配するにいたった。こうして北から南まで統一ルーシの国ができたのである。

このようなスラヴ人の国家形成は、周辺諸国と比べてもかなり遅いものであったといわなければならない。西ヨーロッパではフランク王国のメロヴィング朝は五世紀から始まっているし、ドナウ川の

10 世紀初めのルーシとハザール

河口にはトルコ系のブルガール人が建て、いまやスラヴ化したブルガール帝国があった。この国は、八六四年にはコンスタンティノープルからキリスト教を国教として受け入れていた。ヴォルガ川の河口を本拠とするハザールは、正面の相手であり、黒海の向こうにはビザンツ帝国がそびえていた。

女帝オリガ

遅れて形成されたルーシの公は軍事的遠征をおこない、自分が打ち負かした者から貢税を取り立てようとした。貢税として取り立てられたのは、毛皮、蜂蜜、奴隷などである。オレーグはギリシアに遠征し、彼の死後にはイーゴリがカスピ海まで遠征した。成功もあれば、失敗もある。イーゴリは、九世紀の末にヴォルガ川から黒海沿岸に進出してきたトルコ系遊牧民ペチェネグ人との戦いは回避したのだが、九四五年、同じスラヴ人のドレヴリャーネからの貢税取立てに失敗し、怒った彼らに殺されてしまった。

イーゴリが死ぬと、彼の妃オリガが公位を継承した。オリガは聡明剛胆な女性で、ドレヴリャーネに復讐の懲罰を加え、有無をいわさず貢税を取り立てた。それだけにとどまらず、彼女はそれ以上の紛争を回避するため、貢税徴収の方法の改善もおこなった。九五七年、ビザンツ皇帝に結婚を求められると、オリガはキリスト教に改宗するとして、皇帝に代父になってくれるように依頼し、そのあとで父と娘は結婚できないといって結婚を逃れた。しかし、彼女はキリスト教に改宗した最初のルーシの公となったのである。

イーゴリとオリガの息子スヴャトスラフの代になると、ルーシの軍事力はさらに発展した。彼は九六五年についにヴォルガを南下してハザールの首都イティルを攻め、ここを占領した。ハザール王国は実質的に滅びるにいたるのである。イティルの名は、ヴォルガ川の名として残っていく。この川の上流カマ川との合流点には、このころヴォルガ・ブルガール人が国をつくっていた。

スヴャトスラフは、九六八年にはこんどは西に向かって、ブルガール帝国を攻めた。彼は都をキエフからドナウ河畔に移すことまで決意したほど、ブルガール帝国に執着していたが、この遠征は成功しなかった。九七二年、スヴャトスラフはペチェネグ人に攻められて、死んだ。

ルーシは文化の進んだ周辺国と軍事的行動によって交わりつつ、周辺国の文化を吸収していったのである。ハザールを攻めたことで、ユダヤ教徒が支配下にはいり、その商業活動と文化を吸収した。ユダヤ文化の影響は、スラヴ文化の形成に大きな影響を与えることになる。ブルガール帝国との交渉も、スラヴの文字をルーシにもたらした。スラヴのアルファベットは、八六三年にビザンツ教会から西スラヴのモラヴィア国に派遣された学僧キリルと、その兄のメトディオスによってつくられた。彼らはマケドニア出身であり、福音書を母語のマケドニア・ブルガリア語に翻訳し、それをギリシア文字を参考にしてつくったアルファベットであらわしたのである。このアルファベットはグラゴール文字といわれるもので、これからより簡単なキリル文字がつくられたといわれている。このキリル文字が十世紀にロシアに伝えられた。

キリスト教の受容

スヴャトスラフの息子は三人いたが、父の死後、兄弟で争い、その結果、勝ち残ったヴラジーミルが公位に就いた。ヴラジーミルはヴァリャーギ、ギリシア人、ブルガール人の女などとのあいだに多くの子をなした。彼は軍事面でも積極的であった。九八九年には、ビザンツ帝国にも兵を送っている。兵を引き上げたあと、ヴラジーミルはその年キリスト教に改宗し、これを国教にし、ほぼ時を同じくして、ビザンツ皇帝の妹アンナを妃に迎えている。伝承は、反乱に苦しむビザンツ皇帝を助け、その恩賞としてアンナとの結婚を求めたところ、改宗を条件にされたのだと説明しているが、真偽の程は定かではない。年代記は、正教を採用するに先立って、ヴラジーミルがさまざまな宗教を検討したと伝えている。ユダヤ教も検討されたが、それは国家がないという理由で退けられた。ギリシア正教が採用されたのは、儀式がもっとも美しかったからであるという。東方教会を視察した使節は礼拝の場に立つと、「自分たちが天国にあるのか、地上にあるのかさえも覚えていないほどであった」と報告したのである。

九八九年とされるキエフ・ルーシのキリスト教化は、以後の歴史にとって決定的な意義をもつこととなった。改宗後、ヴラジーミルの生活は、神を恐れる道徳的なものに変わったというのが伝承である。彼は貧しい者に援助をおこない、罪人にたいする刑罰を寛大にすることを望んだという。もとより彼が雷神ペルーンなど、伝統的異教の偶像を破壊し、各地に教会を建てたのは確かである。彼はのちにルーシの教会の聖人にされたが、これは治者と聖人の統一というこの国の伝統の始まりである。

キエフの聖ソフィア聖堂　11世紀のスケッチ。

ヴラジーミルの一二人の息子たちは、それぞれ各地に公として派遣された。一〇一五年にヴラジーミルが死ぬと、ふたたび兄弟殺しが起こった。キエフにいたスヴャトポルクは、ロストフとムーロムにいた腹違いの弟ボリスとグレープを殺した。このことを知ったノヴゴロドのヤロスラフはキエフを攻め、大公位に就く。彼はボリスとグレープの遺体をほりだして、埋葬した。のちに、この二人は死を知りながら抵抗せず、キリストのように受難したとして聖人とされるにいたるのである。

ヤロスラフは賢公と呼ばれた。彼の時代にキリスト教は、ルーシの地に定着した。コンスタンティノープル総主教に従属するキエフ初代の府主教が着任し、聖ソフィア聖堂やペチェルスキー修道院が建立された。今日残る聖ソフィア聖堂は十七世紀に再建されたものだが、堂内のフレスコ画とモザイクは十一世紀のものである。ペチェルスキー修道院とは洞窟修道院の意味で、この洞窟のなかで修行した僧たちは、死後洞窟内にほうむられた。正教信仰の原点である。

都市としてキエフは発展した。文化的に深い意味をもったのは、一〇五一年、ヤロスラフがギリシア人の府主教にかえて、スラヴ人の府主教を任命したことである。彼はルーシの最初の著述を残した。ヤロスラフはまた、『ルースカヤ・プラウダ』という最初の法典をノヴゴロド市民に与えたとされている。

ヤロスラフの息子イジャスラフの代になると、南から侵入するポロヴェツ人との戦争が大きな問題となり、市民の批判で彼は一時キエフを追われることになった。ポロヴェツ人は、このころペチェネグ人を西に追い出して、黒海沿岸に陣取ったトルコ系の民である。十二世紀にはいると、ヴラジーミル・モノマフが大公となり、キエフ・ルーシを立て直したが、ポロヴェツ人との戦争は一進一退であり、基本的に共存の関係が続いていたと考えることができる。

『イーゴリ軍記』のなぞ

モノマフは一一一三年にキエフ大公となったのだが、その年に原初年代記『過ぎし歳月の物語』の最初の編集本が作成されている。編者ネストルは、ペチェルスキー修道院の僧である。これがルーシ最初の歴史書である。この年代記の第三編集本は五年後に作成されるが、これにモノマフの『子供たちへの教訓』が含められている。これは最初の自伝文学であり、剛胆な武人の相貌を伝えている。

さらにこの世紀には『イーゴリ軍記』という叙事文学作品も生まれたとされている。主題となっているのは、一一八五年にノヴゴロド＝セーヴェルスキー公国の公イーゴリが、ポロヴェツ・ハン国を攻めたが失敗して、息子ともども捕虜となったものの、ハンの好意によって脱出、帰還したあと、息子とハンの娘を結婚させたという伝承である。『イーゴリ軍記』はこの話の前半だけを取り上げて、諸公が分裂していることを批判し、団結してポロヴェツ人と戦えと訴えた作品である。ロシアのナショナリズムのバイブルだといっていい。この作品は十八世紀末にはじめてその存在が知られるようになった。そのため、後世の偽作ではないかという説があとをたたない。

分領制の始まり

モノマフの死後、公たちのあいだの抗争は収拾のつかないものとなった。ルーシの分裂である。それはとりもなおさず、キエフ大公の権威の低下をも意味していた。モノマフの長子ムスチスラフが大公位を継承したが、末弟でスーズダリ公となったユーリー・ドルゴルーキー（手の長いユーリー）とのあいだの対立は根ぶかかった。ユーリーは一一四七年にモスクワで宴会を開いたことが年代記に記録され、モスクワの開祖と考えられている。モスクワ市庁舎の前の彼の騎馬像は、モスクワ開市八〇〇年を記念して立てられたものである。

ムスチスラフの子イジャスラフが死んだあと、ユーリーはキエフにはいり、大公位を握った。彼は息子のアンドレイをキエフの近くにおき、キエフを代々握ろうとしたが、アンドレイはキエフよりス

白海
ノヴゴロド領
フィン人
ウスチュグ
ベロオーゼロ
ラドガ
ヴラジーミル=
スーズダリ
ノヴゴロド共和国
バルト海
レヴァル
ノヴゴロド
コストロマー
ヤロスラヴリ
プスコフ
イズボルスク
トルジョク
ロストフ
ヴォルガ・
ブルガール国
スーズダリ
トヴェーリ
リガ
ヴラジーミル
ムーロム
西ドヴィナ川
スモレンスク
ポロツク
モスクワ
リトアニア
ヴャジマ
リャザン
ヴィチェプスク
スモレンスク
ムーロム=
リャザン
コヴノ
チェルニゴフ
ミンスク
ポロツク
トゥーロフ
ノヴゴロド=
セーヴェルスキー
ピンスク
トゥーロフ
チェルニゴフ
ポーランド
ヴォルガ川
キエフ
ヴォルイニ
ペレヤスラヴリ
キエフ
クラクフ
ペレヤスラヴリ
ジトミール
ガーリチ
ポロヴェツ人
ガーリチ
ドン川
カルパチア山脈
ドニエストル川
ドニエプル川
ハンガリー
黒海
コンスタンティノープル

分領制期のロシア

ーズダリを重視して、父の許可なしに、一一五五年スーズダリに引き揚げた。二年後ユーリーが死ぬと、キエフの住民はユーリーの宮殿を破壊し、家臣たちを殺した。アンドレイは動かず、スーズダリからクリャジマ川のほとりのヴラジーミルに本拠を移した。

アンドレイはキエフを引き揚げるとき、キエフの聖物のひとつ、聖母のイコンを持ち帰った。すると夢に聖母があらわれ、教会の建立を命じた。アンドレイはそれに従い、いくつも教会を建てたので、「ボゴリュープスキー（敬神の）」と称されるにいたった。ヴラジーミルにはウスペンスキー聖堂が建立され、近くのネルリ河畔にはポクロフ聖堂が建立された。ポクロフ聖堂は今も美しい姿を水面に写

ヴラジーミルのドミトリエフスキー聖堂
1190年代に，フセヴォロドによって建てられた。

している。

しかし、ヴォルイニに本拠をもつイジャスラフの息子ムスチスラフがキエフを占領すると、一一六九年三月、アンドレイは息子に兵をつけて派遣し、スモレンスクの軍とともにキエフを占領させ、徹底的に破壊させた。父にたいする仕打ちへの報復であった。彼にはキエフ大公になろうという気持ちはなかった。ヴラジーミルから全ルーシに号令しようと考えたのである。だが、一一七四年、彼は自分の居城で大貴族の陰謀によって殺された。彼の弟フセヴォロドがあとを継いで、ヴラジーミル大公を称するようになるのである。

この時代を分領制の時代という。キエフ大公国は事実上の独立公国に分裂し、各公国ごとに継承者が決められていく傾向が強まっていくのだが、それでもなおそれぞれの公は分領公としてキエフ大公位をめぐる争いを続けるという時代であった。

第2章　モスクワ・ロシア

モンゴル帝国の支配

ロシア史に大きな影響を与えたのは、モンゴルの支配であった。モンゴル支配のなかから、モスクワ・ロシアが生まれてくるのである。

一二〇六年、チンギス・ハンのモンゴル帝国が生まれた。この帝国の前線は、ただちにスラヴの地に迫った。まず最初に戦うことになったのは、南ルーシの隣人ポロヴェツ人であった。分領制時代には、ポロヴェツ人とルーシ諸公との関係は平和的なものとなっていた。モンゴル軍の襲来を予想して、ポロヴェツのハンは正教に改宗し、ルーシの援助を求めた。一二二三年、ポロヴェツとルーシ諸公の連合軍はドニエプルの左岸に進出し、カルカ河畔でジェベとスブタイの率いるモンゴル軍と激突したが、結果は連合軍の壊滅となった。しかし、モンゴル側としてはこれは最初の偵察行であった。

チンギス・ハンのあとを受け継いで即位したオゴタイ・ハンは、カラコルムに都をつくり、チンギ

モンゴル人の支配範囲
13世紀前半のロシアと西方との国境
ジェベ，スブタイの遠征(1223～24年)
バトゥ第1回遠征(1236～38年)
バトゥ第2回遠征(1239～42年)
(ノヴゴロド国)
ルーシ諸公国
バルト海
ノヴゴロド
プスコフ
コストロマー
ヤロスラヴリ
ロストフ
トヴェーリ
ヴラジーミル
モスクワ
リャザン
ヴォルガ・ブルガール国
ブルガール
モルドヴァ人
コゼリスク
ドン川
チェルニゴフ
ポーランド
オルミュツ
ヴラジーミル
キエフ
ガーリチ
ハンガリー
ポロヴェツ人
カルカ川
サライ・バトゥ
ヴォルガ川
スダーク
黒海
カスピ海
1223
1224
1236
1238
1239
1241
1241
1242

モンゴル人の侵入

ス・ハンの孫バトゥを総司令官として、一二三七年秋、ルーシ征服の大軍を進めさせた。その矛先はリャザン公国に向けられた。ルーシの団結はととのわず、リャザン公国は一二三七年十二月に陥落し、公一族は皆殺しにされた。ついでモンゴル軍は、モスクワをへてヴラジーミル大公国を攻めた。大公はフセヴォロドの子ユーリーである。モンゴル軍はモスクワで捕虜にしたユーリーの末子をヴラジーミルの黄金門の外に立たせ、攻め込んだ。一二三八年二月、激しい抵抗ののち、大公国は陥落した。大公ユーリーは脱出したが、彼の息子は降伏後斬り殺され、その家族はたてこもったウスペンスキー聖堂のなかで焼き殺された。今日、黄金門もウスペンスキー聖堂も復元されている。ウスペンスキー聖堂の扉だけは当時のものである。

ヴラジーミル公国を占領したモンゴル軍は、これからロストフ、ヤロスラヴリを攻める部隊、ヴォルガ川の諸都市を攻める部隊、トヴェーリへ向かう部隊に分れて進んだ。向かうところすべての都市が炎上し、屈服した。バトゥはノヴゴロドの手前まで進んだが、雪解けをきらって、撤退した。翌一二三九年、バトゥ軍は南ルーシを攻め、四〇年にはキエフを占領した。そこからポーランド、ハンガリーまで攻め込み、一二四二年までに南ヨーロッパの広大な地域を占領した。しかし、オゴタイ・ハンの死の知らせで、バトゥは兵を引き、ヴォルガのほとりにサライ・バトゥなる都をつくり、キプチャク・ハン国を建てた。この国をロシア語で「金のオルダー（本陣）」というところから、金帳汗国とも表記する。

ルーシの諸公はいまやハンの力を認めて、臣従するほかはなかった。先頭を切ったのは、一貫してモンゴル軍との戦闘を回避したノヴゴロドのヤロスラフであった。彼は死んだ兄弟ユーリーにかわってヴラジーミル大公に就任し、一二四〇年にはサライ・バトゥをおとずれて、大公位を安堵する勅書、ヤルルイクを与えられた。各地の公はこの先例にならった。もとよりサライ・バトゥにいって、切り殺された公もいた。公たちはサライ・バトゥからさらに帝国の首都カラコルムまで赴き、臣下の誓いを立てねばならなかった。ヤロスラフは一二四六年、カラコルムで毒を与えられ、殺された。翌年、息子たちが呼び出されたが、彼らは三年間は帰国が許されなかった。ハンの力は絶対的なものとして、公たちの上にそびえた。ハンはツァーリと呼ばれるにいたった。皇帝の意味である。ハンは十三世紀に二回ルーシの地で戸口調査をおこない、徴税額を決定した。この税を集めて、ハンにおさめるのが公たちの責任となった。

そのかわりに、ひとたびルーシがモンゴルの支配に服すると、ユーラシアの強大な帝国の存在が保証する東西交易の恩恵は、ルーシの地にもおよんだのである。キプチャク・ハン国では、モンゴル帝国同様、宗教上の寛容が認められていたが、のち十四世紀のウズベク・ハンの時代に、イスラムがハン国の公式の宗教となった。イスラム教を受け入れなかったタタール人はルーシに流れ、公に仕えるにいたる。その結果、つぎのようなタタール出自のロシア人の姓が生まれた。アクサーコフ、アラクチェーエフ、ブルガーコフ、ゴーゴリ、ゴルチャコーフ、ジェルジャーヴィン、カラムジン、コルサコフ、ストローガノフ、タチシチェフ、トレチャコフ、トゥルゲーネフ、ウルーソフ、チャダーエフ、シェレメーチエフ、ユスーポフ。すべて代表的なロシア人の姓である。

後世ロシア史においては、モンゴルの支配は「タタールのくびき」と表現されていく。モンゴル軍がヨーロッパに与えた恐怖のゆえに、モンゴル帝国の一部に組み込まれたタタール人に注目し、ギリシア語のタルタロス（地獄）ということばにかけて、モンゴル人を総体としてタルタル、タタールと呼んだのである。しかし、モンゴルの支配のおよぼした影響は社会的・文化的な意味をもち、「タタールのくびき」という表現では説明できない。

これより先、十三世紀初頭からドイツ騎士団がバルト海沿岸に進出し、リガに要塞を築き、ルーシの地へも進出をはかった。他方、スウェーデン人もラドガ湖方面からノヴゴロドをねらった。ノヴゴロドの公はヴラジーミル大公となるヤロスラフであったが、彼の息子アレクサンドルは一二四〇年ネヴァ川河口でスウェーデン軍を打ち破った。この勝利の結果、彼はアレクサンドル・ネフスキーと呼

アレクサンドル・ネフスキー（コーリン作，1942年）

ばれるにいたる。彼は一二四二年、ドイツ騎士団がプスコフを占領し、ノヴゴロドに迫ったときも、司令官として反撃作戦を勝利に導いた。チュード湖の氷上の戦いで、ドイツ騎士団に壊滅的な打撃を与えたのである。アレクサンドルは父の死後、カラコルムに抑留されたのち、ハンの認可でヴラジーミル大公となり、ノヴゴロドの公もかねた。彼はモンゴルのハンに臣下の礼をつくし、前後四度ハンのもとを訪問した。彼が死んだのも、最後のハン国行きの帰途であった。

このような公たちのモンゴルのハン訪問の際、公たちがモンゴル帝国の見聞から学んだものは少なくなかったろう。それは駅伝制度に始まって、東方の文物の摂取を含み、ついにはハン＝ツァーリの権威と統治スタイルにもおよんだ。

モスクワの台頭

一二六三年アレクサンドルが死ぬと、彼の弟トヴェーリ公ヤロスラフがヴラジーミル大公位を継承した。やがて諸公間の争いがふたたび始まった。今度は、トヴェーリ公にたいするモスクワ公の挑戦が中心となった。

モスクワという名が年代記にあらわれる最初は、先に述べたように一一四七年のことである。モンゴルの侵入でモスクワの建物はみな焼かれたが、それでこの町の歴史は終わらなかった。モスクワ川がヴォルガ川に通じているという地理的条件は、この町の重要性を以後ますます高めたのであった。アレクサンドル・ネフスキーの死後、彼の末子ダニイルがモスクワ公国を受け継いだ。彼は大公位を受け継いだトヴェーリ公、叔父のヤロスラフと対立した。対立は彼らの子供の代に決定的になった。争いにはキプチャク・ハン国との関係が利用された。モスクワのユーリーはサライ・バトゥに二年間とどまり、ハン一族の娘と結婚し、ハンからヴラジーミル大公位を安堵された。それまでの大公、トヴェーリのミハイルはこれに従わない。ユーリーはサライ・バトゥに逃げ帰って、ミハイルの反逆を訴えた。ミハイルはサライ・バトゥに呼び出され、処刑される。ユーリーは一三一八年、ヴラジーミルにはいり、大公となった。だが六年後、ミハイルの息子に殺された。

この争いからぬけだしたのは、ユーリーのあとを継承した弟イヴァンである。彼はトヴェーリの公とハンの軍勢の衝突に乗じて、ヴラジーミル大公位を獲得し、最終的にトヴェーリの公親子をハンに処刑させている。この間ヴラジーミルから正教会の最高位、府主教座をモスクワに移させることに成功した。彼は経済に力をいれて、諸公国がハンにおさめる税の納入を引き受けて、勢力を拡大した。そのためカリター（金袋）というあだ名をもらっている。ハンのルーシ支配の道具となったのである。

一三五九年から始まるイヴァン・カリターの孫ドミトリーの時代に、モスクワはさらに試練にさらされた。ドミトリーはトヴェーリ公をモスクワに招き、投獄して、服従を強要した。かろうじて帰還したトヴェーリ公ミハイルは、妹の夫リトアニア大公オリゲルドと同盟して、モスクワを攻めようとした。当時、リトアニアはキエフやスモレンスクも領土に加えた大国になっていた。トヴェーリ公は一三六八年、七〇年、七二年と三度モスクワを攻めたが、ついに攻略することはできなかった。

この対立にはキプチャク・ハン国の介入がひきつづき求められ、トヴェーリ公ミハイルとモスクワ

クリコーヴォの戦い（16世紀の細密画）

公ドミトリーは、交互にヴラジーミル大公位の安堵を認められ、相手を蹴落とそうとした。結局一三七五年、ドミトリーは大軍を動かして、ミハイルを屈服させ、ついに平和条約を結んだ。トヴェーリ公はモスクワ公の優位を認め、タタール軍との戦闘の場合、共同作戦をおこなうことを約束した。こうしてルーシは、結束してタタール軍と戦うという方向に進むことになった。

キプチャク・ハン国は一三五七年のベルディベクの父殺しによるハン位奪取以後、はてしない混乱に落ち込んでいた。この時期に、ママイとトフタムイシという二人がハン国の主導権を長く争った。トフタムイシは、一三七〇年に中央アジアのサマルカンドに王朝を開いたティムールに助けを求めた。他方、ママイはルーシの地に勢力を拡大し、リャザン、ニジェゴロド公国を従わせ、一三八〇年にはモスクワのドミトリーを屈服させるために大軍を動かした。彼はリトアニアの当主ヤガイロからも加勢の約束を取りつけていた。しかし、ドミトリーはドン川のほとり、クリコーヴォでママイの軍と戦い、これを破った。モンゴル軍にたいする最初の勝利であった。このためドミトリーは「ドンスコイ（ドン川の）」という称号をもって呼ばれるようになった。

しかし、これでモンゴルの支配が終わったわけではない。逃げ帰ったママイを攻めてハン国の支配者となったトフタムイシが、一三八二年にはモスクワを攻めた。ドミトリーは不意を打たれて、モスクワをすて、北のコストロマーで兵力の再結集をはかった。そのあいだにモンゴルの大軍はクレムリンを包囲し、モスクワを蹂躙《じゅうりん》した。しかし、ドミトリーはモスクワを奪還した。

ドミトリー・ドンスコイは、一三八九年に三十九歳で死んだ。死にあたって彼は、キプチャク・ハンの承認をえないで、自分の息子ヴァシーリーにヴラジーミル大公位をゆずった。そのようなことはそれまでは考えられないことであった。しかし、継承したヴァシーリー一世はハン国の承認を求め、その権威をなお利用しようとした。彼はヴォルガ川とオカ川の合流点にあるニジニー＝ノヴゴロド公国の併合をねらい、トフタムイシの同意を取りつけて実現した。しかし、トフタムイシはかつての庇護者ティムールに、一三九一年、九五年と二度にわたって攻められ、壊滅に瀕した。キプチャク・ハン国は終わりとみえた。それでも一四一八年にはハン国を再編したエディゲイがふたたびモスクワの近くまで攻め込んだ。

ツァリーズムの形成

一四二五年にヴァシーリー一世が死ぬと、十歳の少年が継承して、ヴァシーリー二世となった。伯父のユーリーは不満で、忠誠の誓いをせず、以後内紛が起こり、血の抗争が生じた。一四三二年、解決を求めて公たちがキプチャク・ハン国に赴くと、ヴァシーリー二世は捕虜に等しい取りあつかいを受け、一年もとどめおかれたあげく、大公位を承認されずに帰国した。翌年、ユーリーの軍はモスクワを占領し、ユーリーは大公就任を宣言した。一度は大公位を甥に譲ってモスクワを去ったユーリーは、三四年にはふたたびモスクワを落とし、大公位に就いた。しかし、二カ月後に急死したため、それからはまったくの混乱となった。一四四五年には、キプチャク・ハン国の軍が攻め込み、ヴァシーリー二世を捕虜にした。モスクワではユーリーの息子ドミトリー・シエミャーカが大公となった。三カ月後に釈放されたヴァシーリー二世は、タタール人の護衛つきで、ハン国に納入する支払いを取り立ててまわった。四六年、従兄弟のドミトリー・シエミャーカはモスクワにはいり、ヴァシーリー二世をとらえ、その目をつぶした。このように数々の悲運にあいながらも、ヴァシーリー二世は大貴族に助けられ、最後には一四四六年末、モスクワを回復し、内紛に終止符を打つことができた。一四四八年には、ロシアの主教会議はヴァシーリー二世を支持してきたリャザンの主教ヨナを全ロシアの府主教に選任した。これは、ロシア教会のコンスタンティノープルからの独立を意味した。これより先に教会美術の面では、ロシアの優れたイコン画家が独自の美、色彩の世界をつくりだしていた。アンドレイ・ルブリョフの作品は、十五世紀の最初の三〇年間に花開いたものである。

この間、キプチャク・ハン国の分裂が進んだ。一四三七年にはヴォルガ川中流域にカザン・ハン国が生まれた。ここは十二世紀に滅ぼされたヴォルガ・ブルガールの故地である。さらに、キプチャク・ハン国の正統は、十五世紀なかばにヴォルガ川の下流にトフタムイシの息子が建てた大ハン国に受け継がれた。さらに同じころ、ヴォルガ川河口にはアストラハン・ハン国が生まれたのである。一四八〇年、サライ・バトゥは最終的に破壊され、キプチャク・ハン国の痕跡が地上から消えた。

一四六二年に即位したイヴァン三世のもとで、モスクワ大公国は興隆のときを迎えた。イヴァンは一四五三年に滅んだビザンツ帝国最後の皇帝の姪ゾエ・パライオロゴスと七二年に再婚し、権威を高めた。この際ビザンツ帝国の紋章、双頭の鷲を自らの紋章として用いるようになった。イヴァン三世はビザンツ帝国の崩壊とキプチャク・ハン国の崩壊という二つの事態を前提にして、これまでビザンツ皇帝とモンゴルのハンにしか使わなかったツァーリの称号を、時として名乗るようになったのである。一般的には彼は「全ルーシの大公」「全ルーシの主（ゴスダーリ）」と称した。もはやモスクワという限定した領域の支配者ではないという意味である。

イヴァンはモスクワの力を示すために、クレムリンのなかのウスペンスキー聖堂を改築しようとした。ビザンツからきた新妃の助言で、イタリアの建築家フィオラヴェンティが招かれ、一四七九年に新聖堂が建立された。この聖堂には代々モスクワの府主教の遺体がほうむられ、ツァーリの即位戴冠の儀式がおこなわれるようになった。ウスペンスキー聖堂は今も残っている。クレムリンはもともと城塞をさすのだが、モスクワでも、建設されては戦乱で破壊され、再建されるという歴史を繰り返してきた。十五世紀の末に現在のクレムリンが基本的に建設されたのである。

「ロシア」ということばは、十五世紀の末にはじめて文献にあらわれる。イヴァン三世の「全ルーシ」は、この「ロシア」にほぼ等しい。ルーシの国はこのロシアとドニエプル川上流地方のベロルシ

双頭の鷲

クレムリンの建設（16 世紀末の細密画）

ア、さらにキエフを中心とする小ロシア（のちのウクライナ）の三つに分れたのである。
イヴァン三世はこの間公権力から自由になり、貴族共和国となっていたノヴゴロドを屈服させることをねらった。一四七一年にイヴァン三世の軍とノヴゴロドの国民兵は戦ったが、ノヴゴロドは屈服しなかった。イヴァンは一四七七年に再度攻めた。このときもノヴゴロドはたえぬいた。一四八〇年には、アフマト・ハンが兵を進めてきたので、イヴァンはウグラ川河畔でこれを迎え撃って、勝利した。「タタールのくびき」の終わりであった。一四八七年にイヴァンはついにノヴゴロドを征服した。

ノヴゴロドの自由のシンボルであった民会（ヴェーチェ）の鐘は、モスクワにもたらされた。

イヴァン三世の政治は、世襲地をもつ大貴族（バヤーリン）の力に依拠していた。その制度が大貴族会議（バヤールスカヤ・ドゥーマ）である。人材の登用において、家柄と官歴による序列が尊重されるという門地制度（メストニチェストヴォ）により、名門貴族のみがこの会議に出席した。しかし、大公としては当然に事務処理にあたる書記官（ディヤーク）を加え、大公の権力の執行者たらしめようとする方向も推進された。地方には代官（ナメストニク）が派遣された。彼らはその任地の住民のおさめる税の一定部分を、「扶持（コルム）」として受領する権利を与えられていた。

イヴァン三世は一四九七年、法典を制定した。これにより農民は自由な移転の権利を喪失し、秋の「ユーリーの日」、旧暦十一月二十六日の前後二週間にのみ、移転が許されることが一律に定められた。法典はホロープ（奴隷）についての規定を整備している。

四三年間も大公位にあったイヴァン三世が、一五〇五年に死んだあと、モスクワ大公国を継承したのはヴァシーリー三世であった。周辺の四国——東のカザン・ハン国、南のクリミア・ハン国、西のリトアニア、北西のリヴォニア騎士団は、この機に乗じて反モスクワ連合をつくる動きをみせた。新大公は即位の翌年、モスクワに反旗をひるがえしていたカザンを攻めたり、これまでの同盟を破って一五一七年から攻撃をしかけてきたクリミア・ハン国と戦ったり、さらにリトアニアとも戦った。そのように周囲の国々と戦いながら、内を固めるために、一五一〇年にはプスコフ、一五一四年にはスモレンスク、一五二一年にはリャザン公国、一五二二年にはセーヴェルスキー公国を併合した。これによって、ヨーロッパ部でのロシア国家の領土統一はほぼ完成したのである。

不断の戦争のなかで、大公権力は一層の人的・物的資源の動員を必要とした。士族（ドヴォリャーニン）の騎兵部隊が戦力の中心になってきたため、その奉公にたいして与える土地の確保が重要であった。戦争によって獲得された大貴族の土地も源泉のひとつとなったが、また注目されたのは、広大な修道院領であった。

教会のなかにも、宗教上の理由で修道院がそのような土地を経営することに反対する、ニール・ソルスキーを中心とする清廉派があらわれ、ノヴゴロドの大主教ゲンナージーとその弟子ヨシフ・ヴォロツキーらの主流派と対立した。修道院領の擁護、異端の取締りを主張したこの主流派は、ヨシフ派と呼ばれた。一五〇三年、イヴァン三世によって召集された教会会議は、彼の期待に反して教会財産の世俗化を拒絶するヨシフ派の勝利に終わった。

そこで、ヴァシーリー三世は即位すると、清廉派を近づけた。ニール・ソルスキーは死んだが、ヴァシアン・パトリケーエフやギリシアの学僧マクシム・グレクらが頭角をあらわした。彼らは修道院の世俗化を主張した。しかし、ヴァシーリーが子なき妃と離婚して、タタール出自のリトアニア貴族の女エレーナ・グリンスカヤと再婚しようとすると、より純粋な清廉派はこれを認めなかった。

一五二二年、大公は清廉派のヴァルラームを府主教の地位から追い出し、かわりにヨシフ派のダニイルをすえた。ダニイルは大公の離婚を承認した。マクシム・グレクは一五二五年の教会会議で、パトリケーエフは一五三一年の教会会議で、有罪判決を受けた。ヨシフ派は勝利し、修道院領は存続することとなった。

この時期にますますその存在が知られるようになったのが、カザーク（コサック）であった。彼らは中央部で強まりつつある農奴制的束縛を逃れて、南部、南東部の辺境に植民した武装騎馬民のことである。「自由な民」という意味のトルコ語のことば、「コザーク」がロシア語のカザークの語源である。彼らは団体をつくり、長たるアタマンのまわりに結束した。アジア系の民族との通婚も盛んであった。この彼らをモスクワは辺境警備に利用しようと考え、登録して、特権を認めるかわりに、忠誠を誓わせた。

イヴァン四世の即位

ヴァシーリー三世は一五三三年秋の狩りの最中に発病し、ほどなく死んだが、あとに残された皇太子イヴァンはわずか三歳の幼児であった。死を意識したヴァシーリー三世は、数人の大貴族を幾度か呼びよせ、遺言を作成して彼らに後見を委嘱し、そのもとで幼児をイヴァン四世として即位させるように指示した。しかし、権力抗争は避けられなかった。やがて幼帝の母エレーナ・グリンスカヤが後見人たちを排して、事実上の摂政となったのである。

彼女が五年後に死ぬと、そのあとは、シュイスキー公爵一門と大貴族ベリスキー派の抗争となった。一時は勝利しながら敗れたシュイスキー派がクーデタにでて、巻き返した。しかし一五四二年、シュイスキー家の当主が死ぬと、跡継ぎは大貴族の支持をえられず、処刑された。これでひとまず大貴族

イヴァン４世の玉座（左）とモノマフの冠（右）

の抗争は終わった。

早くに両親を失い、聾唖者の弟とともに残されたイヴァンは、大貴族たちの野望に翻弄される恐怖と完全な孤立感のなかで成長した。彼が痛めつけて喜ぶ対象は、犬や猫から人間に移っていった。少年時代の彼には、軍事も政治も学ぶ機会がなかった。

一五四七年一月、十六歳になったイヴァン四世の正式な戴冠式が挙行された。ウスペンスキー聖堂において、府主教マカーリーが「モノマフの冠」をイヴァンの頭においた。彼は「ツァーリ」として戴冠した。この称号はイヴァン三世も用いたことがあるが、この称号で戴冠したのは彼がはじめてである。イヴァン四世は祖父と父がなしとげた業績を継承して、この称号を名乗ったのである。

戴冠式の時点で実権を握っていたのはイヴァンの母の兄弟、つまり伯父のミハイル・グリンスキーであった。しかし、この年六月の大火を契機として起こったモスクワ民衆の反乱は、グリンスキー一族に矛先を向けたものであった。グリンスキー一族は打倒され、イヴァンは戦慄した。

イヴァンは、士族出身のアレクセイ・アダシェフとクレムリンの聖堂司祭シリヴェストルの助言を受けて、政治の道に乗り出した。地方代官の扶持（コルム）制度と、家柄・官歴で序列が決まる門地制度（メストニチェストヴォ）にたいして改革の重点が向けられた。一五四九年、大貴族や教会代表、各地の代官、それに首都の士族などを集めた全国会議（ゼムスキー・サボール）が開かれ、十八歳のイヴァンは大貴族の横暴を非難したうえで、その罪を許し、協力して改革にあたるよう求めた。当時の思想家の一人、ペレスヴェートフは『マグメト・サルタンと皇帝コンスタンティヌスの物語』を書いて、オスマン帝国をモデルに、大貴族の力をおさえ、士族に依拠する王権の強化、軍事君主制を主張した。一五五〇年、法令集の改正がおこなわれた。そこには主として中央、地方の制度改革が盛り込まれた。

アダシェフとシリヴェストルという助言者をえて、少数の貴族を構成員とする「選抜会議」を中心に改革を推し進めたイヴァン四世は、対外政策の面でも大きな成功をおさめた。一五五二年八月、ツァーリはカザン・ハン国にたいする第三次の攻撃戦に出陣した。カザンの閉ざされた城門の前に高さ一五メートルの砲台が設置され、そこからの砲撃は市内に打撃を与えた。要塞の壁の下に掘ったトンネルによる爆破も効果をあげた。十月二日、ようやくにしてハン国の首都カザンは陥落した。これによって、ヴォルガ川をこえてシベリア、アジアに進出していく門がロシアにとって開かれたのである。イヴァンは民衆の歓呼のなかをモスクワに凱旋し、クレムリンの脇にカザン征服を記念して聖堂を建立することを決心した。これが、現在も赤の広場に特徴ある姿をみせるヴァシーリー・ブラジェンヌ

ヴァシーリー・ブラジェンヌイ聖堂

イ聖堂である。

この得意の絶頂にある若きツァーリは翌年重病に倒れ、死を覚悟した病床で、生後五カ月の皇太子ドミトリーに臣下の誓いを立てるように貴族たちに求めた。ところが、貴族たちのなかには、これに反対し、イヴァンの従兄弟にあたるスタリーツキー公ヴラジーミル・アンドレーエヴィチの擁立を主張する者もいた。そして、アダシェフら側近までが中立の立場をとった。このときはイヴァンが奇跡的に回復して、問題は解消したのだが、このことは不信の種を彼の心にまいた。

だが、従来の体制で改革は進められた。一五五五～五六年には貴族の土地所有と軍役の関係について統一的な基準が定められるとともに、地方行政制度の改革がおこなわれた。中央が任命する代官にかわって貴族や農民から選ばれる「総代（スターロスタ）」に司法・行政権を委ねようというものであった。

一五五六年、アストラハン・ハン国がロシア軍の軍門にくだり、ヴォルガ川が全面的にアジア人の川からロシア人の川に変わることになった。こののちさらに南のクリミア・ハン国を攻めることも考えられたのだが、イヴァンは西北の敵、リヴォニア騎士団と戦い、バルト海への出口を求める戦争に進んでいった。一五五八年から始まったリヴォニア戦争は、リトアニア、スウェーデンが参加して永続化し、不断の精神緊張と資源の枯渇を招くことになる。イヴァンの治世はこの戦争の開始をもって、第二期にはいる。

雷帝イヴァン

まず一五六〇年に起こったのは皇后アナスタシアの死であり、それに続いてアダシェフとシリヴェストルが失脚し、「選抜会議」が廃止された。のちにイヴァンは、この助言者たちを最愛の皇后を毒殺したと非難するようになる。一五六三年、リトアニアの要塞ポロツクを陥落させたが、翌年には年初からロシア軍は大敗をきっした。イヴァンは大貴族の裏切りのせいだと考え、二人の大貴族を処刑した。春になると、総司令官で、選抜会議メンバーの大貴族クルプスキーが脱走し、リトアニア軍に身を投じ、イヴァンに抑圧策はやめよと抗議文を突きつけた。

イヴァンがあらたな支配制度として、ツァーリの絶対支配のおよぶ特別地域（オプリーチニナ）を設定するための一種のクーデタにでたのは、このときである。この年十二月、ツァーリは退位を宣言し、修道院へいくと称して、妻子、側近と従者だけをつれ、全財宝をもってモスクワを離れ、北のアレクサンドロフ村にはいった。翌年一月、そこからモスクワへ二通の勅書を送った。貴族・士族・高位聖職者・大官の汚職と裏切り、敵との戦いのサボタージュを糾弾するとともに、モスクワのポサード（商人・手工業者居住区）住民への親愛の情を表明したものであった。民衆は驚愕して、大貴族たちにツァーリに帰京を乞うように要求した。そして、裏切り者は自分たちも許さないと表明した。大貴族会議は退位を受け入れず、ツァーリに帰京を願うことを決めた。聖職者と貴族が代表を派遣し、要請をおこなうと、ツァーリは裏切り者を処罰する、オプリーチニナ制を導入するとの条件をつけてモスクワへ戻った。

モスクワへ戻ったイヴァンは、勅令によって国土をツァーリの絶対的支配のおよぶオプリーチニナ領とそれ以外の通常の統治地域のゼームシチナ領に区分した。オプリーチニナ領に編入された諸郡からは、オプリーチニナ隊員としてツァーリに仕えない者は立ちのかされ、ゼームシチナ領に封地を与えられ、かわりにオプリーチニナ隊員が土地をえた。

オプリーチニナ隊員は、ツァーリに特別の忠誠を誓う大貴族や士族で、外国人も加えられ、千人隊という部隊を組織した。彼らは黒装束をまとい、箒《ほうき》と犬の頭のしるしをつけた。この部隊の中核になったユーリエフは故妃の従兄弟であり、バスマーノフは息子が故妃の姪と結婚しているという人物であった。

この部隊が、イヴァン四世の手足となって大量テロを実行した。その対象は、裏切りを企てたと疑われた者、ツァーリに反抗する者から、ツァーリの期待に応えない者、ツァーリの気分をそこねる者におよび、しばしば理由のないテロもおこなわれた。拷問の方法も処刑の方法も残虐きわまるもので、サディズムの様相を呈した。女も子供も聖職者も容赦されなかった。すべてが雷帝と呼ばれるようになるイヴァンの独特なスコモローヒ（芸人）的才能と結びついて、おそろしい演劇的効果をあげた。

一五六七年、リヴォニアへ出陣したイヴァンは、スタリーツキー公を帝位につけるという陰謀が進んでいるとの情報をえて急ぎ帰京し、処刑と逮捕をおこなった。一五六八年、府主教フィリップは公然とツァーリを批判したが、イヴァンは以前に彼が院長をしていた修道院を調査させ、虚偽の証言を集め、告発した。教会会議では、ノヴゴロドの大主教ピーメンがフィリップを攻撃した。有罪の判決のあと、フィリップにクレムリン内の聖堂で勤行をさせ、その最中にバスマーノフらがあらわれて判決を宣告し、法衣をはぎとって、つれさったのである。一五六九年九月には、まず自分の毒殺をはかったとの証言をえておいて、スタリーツキー公ヴラジーミルを妻子とともに呼び出し、毒杯を飲ませた。

一五七〇年一月には、オプリーチニナ軍はノヴゴロドに到着した。この度は、テロの対象は一都市の全住民である。かつての自由都市が敵に通じているという想定のもとに、この行動がとられた。遠征軍は、一カ月以上にわたり虐殺と略奪のかぎりをつくした。死者の数には諸説あるが、三万の市民の半数というのが最新の説である。テロの絶頂は、一五七〇年七月二十五日の赤の広場の大量処刑である。三〇〇人が引き出され、一八〇人ほどが赦免されて、一〇〇人以上が処刑された。多年にわたり対外交渉を担ってきたヴィスコヴァトゥイが、クリミア、トルコ、ポーランド・リトアニアのスパイとして処刑された。広場にでた雷

イヴァン雷帝の肖像画（コペンハーゲン国立博物館蔵）

帝は「裏切り者を罰しようとした朕の振舞いは正しいか」と民衆に問いかけたが、民衆は皇帝賛美の声で応えた。このようなテロの犠牲者の総数については、ロシアの歴史家スクルインニコフは約三、四千人とみている。

このように裏切り者抹殺を続けたあげくのはてに、一五七一年、クリミア・ハン、デヴレト＝ギレイの軍勢がモスクワまで攻めのぼってくると、ツァーリの軍は敗退し、モスクワは炎上した。クレムリンの外につくられていたオプリーチニナ宮殿も焼失した。大量テロの結果、オプリーチニナ軍の戦闘能力ははなはだしく低下していったのである。ここにいたって、イヴァンはクリミア・ハンの再度の攻撃を迎え撃つために、オプリーチニナ軍とゼームシチナ軍の混成軍を組織せざるをえなくなった。一五七二年七月、混成軍はクリミア・ハン軍に完勝した。そしてこの秋、オプリーチニナ制の廃止が宣言された。そのような制度が存在したこと自体、語ることさえ禁じられた。

オプリーチニナ制度は、ツァーリ権力の強化や国家統一などの歴史上の意義を有するものか、最後はたんなる恐怖の体制に転化したのか、研究者の評価も分れるが、いずれにしてもスターリンがこの歴史にヒントをえたことだけは確かである。

だがオプリーチニナ制の廃止のあとも、イヴァンのテロは終わらなかった。彼は陰謀が企《たくら》まれているとして、周囲の人間を疑いの目で見ていた。そのなかで、皇太子イヴァンだけは信頼のおける唯一のよりどころであった。だが、一五八一年十一月、雷帝イヴァンは三十歳になる皇太子イヴァンのことばに激怒して、杖で殴りつけ、殺してしまったのである。最愛の者を自分で殺すというこの帰結は、

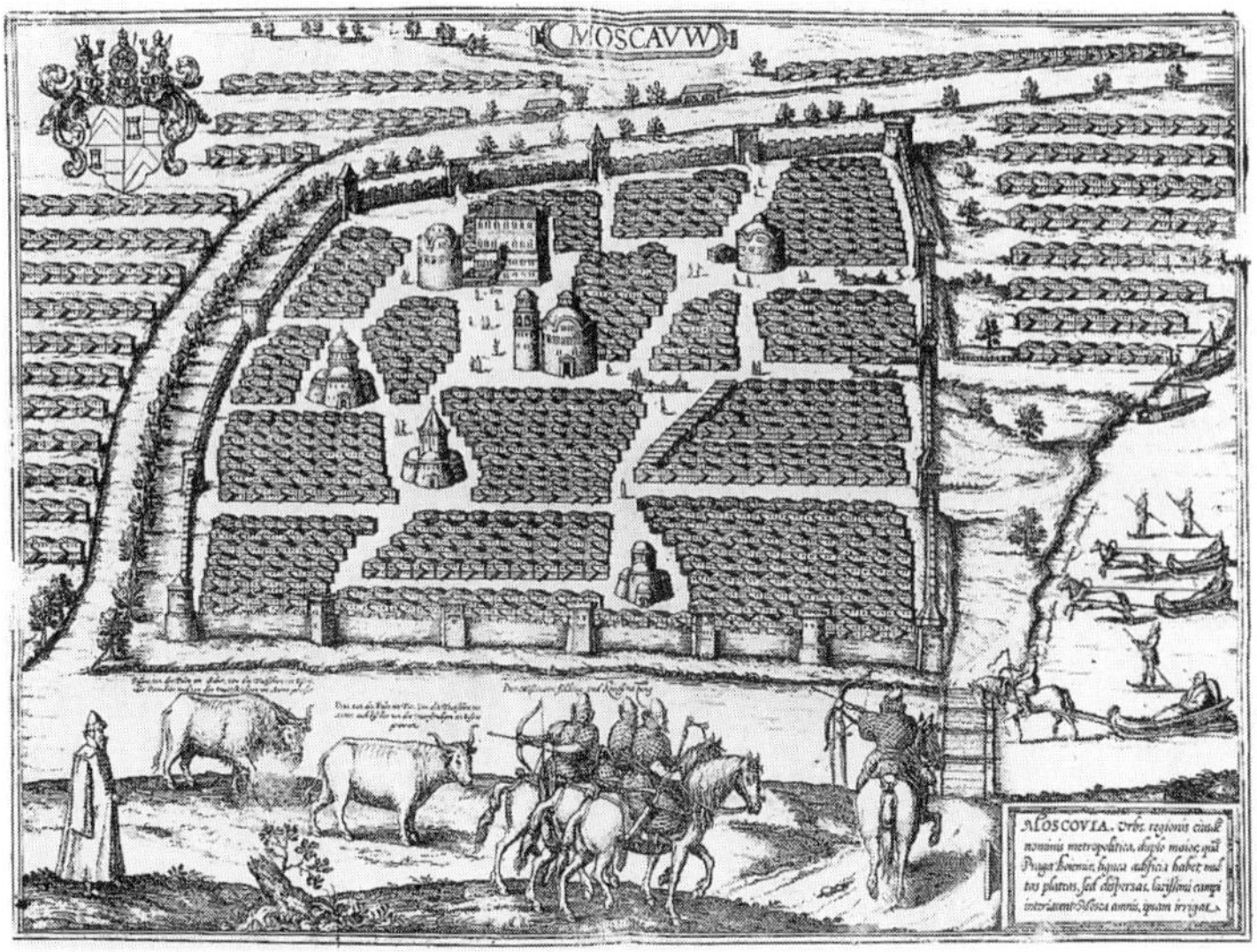

16世紀モスクワの地図

暴君を打ちのめした。

さらに、一五八二年のポーランド・リトアニア、八三年のスウェーデンとの休戦協定が、最後の打撃を与えた。この協定で、ロシアはリヴォニアを放棄し、スウェーデンによってバルト海からほぼ切り離された。二四年間続いたリヴォニア戦争は、敗北に終わったのである。

結局、イヴァンの戦争のなかでは、カザンの征服だけが成功した。シベリアへ開かれた道を進んだカザークのエルマークが、一五八二年、シビル・ハン国の首都を占領するにいたった。彼はヴォルガを航行する船を襲っていたカザークの首領であったが、イヴァン四世の特許状をえて、シベリア開発をねらう商人ストローガノフ家に雇われたのである。もっとも彼も三年後には戦闘で負傷し、イルトゥイシ川の支流で溺死して終わった。

ボリス・ゴドゥノフの統治

さて、失意のうちに一五八四年雷帝イヴァンが死ぬと、頭の弱い皇太子フョードルが即位した。政治の実権は彼の妃の兄ボリス・ゴドゥノフが握った。ボリスはタタール出自といわれる大貴族で、オプリーチニナ隊員であった。彼は、対外政策ではクリミア・ハン国との関係を重視し、ノガイ・ハン国を臣従させるなど、南方を安定させる政策をとった。雷帝時代にリヴォニア戦争に集中し、オプリーチニナ体制で国土が極度の荒廃状態にあったからである。

増税、テロ、飢饉、疫病が農民を苦しめ、彼らは中央部、北西部から南部、ヴォルガ川流域へ大量に逃亡した。この状況のなかで、農民の移動を禁止し、土地に緊縛する方向が強化されていった。イヴァンの治世の末期には、その日だけ農民の移動が許される「ユーリーの日」を廃止する勅令がだされていたとされているが、ボリスもその方向を進め、一五九七年には、逃亡農奴の捜索、連れ戻しは五年間のうちならできるという法令がだされている。こうして、ロシアの独特な農奴制が成立をみるのである。

ボリスのなしとげたことで重要なのは、一五八九年、モスクワに総主教座を開くことを認めさせたことである。初代の総主教には、彼と親しいモスクワの府主教ヨフが昇格した。一五九一年、ツァーリの弟で、八歳のドミトリーがウグリチの宮殿で死んだ。ボリスが刺客を送ったのだという噂が流れ、刺客と目された人物が民衆に殺されるにいたった。モスクワから調査官が派遣され、目撃者を尋問して、てんかん持ちのドミトリーが発作を起こして倒れ、手にしたナイフを首に刺して死んだ事故死だとの結論をだした。ソ連の歴史家ジミーンは、ボリスが殺したという噂が正しいだろうと結論しているが、確証はない。一五九八年、子のなかったフョードルが死ぬと、継承者がなく、リューリク朝は断絶した。そこで、大貴族シュイスキー一族を失脚させたボリス・ゴドゥノフが、二月の全国会議でツァーリに推挙されたのである。

ボリス・ゴドゥノフの肖像画（17世紀）

新帝ボリス・ゴドゥノフは戴冠式で、慈悲をもって統治し、誰も処刑しないと誓った。しかし、彼も権力の強化のために、さらに有力な大貴族の除去をはかった。最大の目標にされたのはロマノフ家であった。アレクサンドル・ロマノフが妖術を使って、ツァーリをなきものにしようとしていたとされ、五人の兄弟全員が一挙に除かれた。長兄フョードルは修道院入りさせられ、フィラレートと名を改めざるをえなくなった。ほかの四人の兄弟たちは流刑され、うち三人が流刑地で死んだ。ところが、この間ボリス自身の健康状態が悪化し、不安な噂が広まった。皇太子は幼く、ボリスが死ねば、とても継承はできまいと思われた。

スムータ時代

天候不良によって、一六〇一年の冷たい雨の夏は農民たちを苦しめた。一六〇二年には特別の酷寒が収穫を台無しにして、ついに翌年には大飢饉が到来した。おびただしい死者がでた。モスクワだけで三つの墓地に一二万人がほうむられた。同時代人は、「モスクワ国の三分の一」の人々が死んだとみていた。町の街路には、飢えて死んだ人の死体が無数に放置されていた。人々は猫や犬をつかまえて食べ、草や木の皮も食べつくすと、人間の死骸を食べることになった。こうした状況のもとで、人々のなかに救い主の出現への期待が高まったのは当然である。奴隷たちも農民も逃亡し、カザークの世界をめざしていった。

このとき、ウグリチで死んだ皇太子ドミトリーはボリスによって殺されたのだという噂が特別の意味をもった。実際にはドミトリーは生きていて、戻ってくる、そしてわれわれを救ってくれるという期待が高まった。以後のロシアで繰り返しあらわれる、「帰りくる救い主ツァーリ」の観念の最初の出現である。

そして一六〇四年、ポーランドで一人の青年が、自分は生き延びた皇太子ドミトリーだと名乗り、カザークやポーランド貴族の支持をえて、挙兵した。彼がモスクワ国家の版図にはいると、人々は熱狂して迎えた。ボリスの側では、これは偽者だ、この人物の素性はチュードフ修道院から逃げだした僧グリゴーリー・オトレーピエフだと指摘したが、救い主を待望する人々の心を静めることは不可能であった。一六〇五年一月には、偽ドミトリーの軍勢は一万五〇〇〇人に達し、セフスク近郊でボリス軍に敗れはしたものの、民衆が一層積極的に支持をよせるようになり、進撃は続いた。偽ドミトリーは、ボリスの権力と大貴族の抑圧からの解放を語り、「自由（ヴォーリノスチ）」を約束した。一部の地域に一〇年間一切の税を免ずるとの布告をだしたことは、他の地域の民衆をも熱狂させたのであった。

プーシキンの詩をもとにしたムソルグスキーのオペラ「ボリス・ゴドゥノフ」は、ドミトリーを殺したボリスが罪の意識に苦しんで死ぬまでを描いている。これは現実とは違うのであるが、いずれにしても、一六〇五年四月にボリスは急死した。そのことが事態の急変をもたらした。十六歳の彼の息子が即位したが、その足もとから反乱が起こり、ついに六月一日にはモスクワに火の手が上がって、ボリスの后と新帝フョードルは、クレムリンに乱入した民衆に監禁された。ここにおいて僭称者はまず使節をモスクワに送り、監禁中の帝と母后を殺害させたうえで、モスクワに入城した。七月二十一日皇帝ドミトリーの戴冠式がおこなわれた。

偽ドミトリーが一年間統治したあいだ、その政策はもとより民衆的なものではなかった。ただ一六〇六年二月一日の勅令で、飢饉の三年間に逃亡した農民はもとの主人のところへ戻らなくてもよいとしたことは、民衆に好意的に受け取られた。しかし、カザークにたいする政策は不満を呼び起こし、新しい僭称者を生んだ。死んだツァーリ、フョードル一世には実は息子がいた、自分がその皇太子ピョートルだと名乗ったのは放浪者ゴルチャコフであった。この「皇太子ピョートル」から手紙を受け取った偽ドミトリーは、彼をモスクワへ招いて、甥として認知した。

偽ドミトリーは、ポーランドの庇護者の娘マリーナ・ムニシェクを妻とすることに決めており、一六〇六年五月八日、結婚式がおこなわれた。結婚はカトリックと正教の両方の顔を立てるようなやり方でおこなわれたので、ロシア人の反ポーランド感情を刺激した。偽ドミトリーをいったんは受け入れた大貴族は、民衆の不満に乗じて、行動を起こした。一六〇六年五月十七日、ヴァシーリー・シュイスキーらがクーデタ軍を動かし、民衆を扇動して、ついにドミトリーを殺害させた。ドミトリーは僭称者だとして、その死体にはスコモローヒ（旅芸人）の服をきせ、仮面をかぶせて、赤の広場にさらした。あらたにツァーリになったのは大貴族シュイスキーであった。全国会議での推挙もなしに、六月一日には戴冠式を挙行した。

当然ながら、ドミトリーは死んでいない、殺されたのは別人だという噂がただちに生まれた。各地の都市は、シュイスキーへの忠誠を拒否した。ここにおいて、以前はある侯爵のホロープ（奴隷）であったイヴァン・ボロトニコフが、ツァーリ、ドミトリーの司令官として、挙兵した。この軍は民衆を集めて数万人にふくれあがり、十月にはモスクワへ攻めのぼった。シュイスキーは本物の皇太子ドミトリーの遺体をウグリチから運び、聖者に列させ、その死を納得させようとしたが、これは逆効果となった。一時はモスクワ近くまでボロトニコフ軍に攻め込まれて、危うかったシュイスキーの軍勢は年末にようやく態勢を立て直して反撃にでた。こののち「皇太子ピョートル」の軍とボロトニコフの軍が一体となって戦ったが、一六〇七年、トゥーラでついにシュイスキー軍に降伏した。

しかし、この年第二の偽ドミトリーがカザークとポーランド貴族に助けられ、挙兵した。最初の偽ドミトリーの后となったポーランド貴族の娘マリーナ・ムニシェクは、第二の偽ドミトリーを夫と認めた。第二の偽ドミトリーは、一六〇八年六月、モスクワからほど遠くないトゥシノに本営をおき、一六一〇年までロシアをシュイスキーと両分した。多数の貴族がトゥシノの偽ドミトリー二世の側にはしり、フィラレートは強制的にトゥシノ側の大主教に任じられた。

ここまで混乱すれば、外国が干渉してくるのは必至であった。シュイスキーはスウェーデン王と結び、偽ドミトリー側の貴族たちはポーランド王と結んだ。モスクワの支配をねらっていたポーランド王ジグムント三世は、一六一〇年、王子をツァーリに迎えたいとのロシアの大貴族と士族からなる使節団の申し出を受け入れ、一六一〇年、軍をモスクワ攻略のために送った。シュイスキーは退位させられ、モスクワの大貴族はポーランド王子をツァーリに迎えることに同意した。ポーランド軍はクレムリンを占領した。もはや御用済みの偽ドミトリー二世はカルーガに撤退し、殺されてしまう。

ジグムント三世の意図は、自らロシアのツァーリとなることであった。ポーランド人への反感が高まるなかで、モスクワの総主教ゲルモーゲンは、正教信仰を守るため立ち上がるように回状を発した。各地から兵が興り、モスクワへ攻めのぼった。しかし、ポーランド軍はモスクワから退かなかった。一六一一年、ニジニー＝ノヴゴロドの商人たちは、長老クジマ・ミーニンの呼びかけで解放軍の組織を決めた。ここで生まれた大貴族ポジャルスキー公爵が率いるモスクワ解放軍は、一六一二年、ついにポーランド軍を降伏させたのである。二年二カ月におよぶポーランド軍のモスクワ占領が終わった。

ここにおいて、ようやく動乱（スムータ）の時代が終わったのである。全国会議（ゼムスキー・サボール）が召集され、ポーランド人の虜《とりこ》となっていたフィラレートの子、十六歳のミハイル・ロマノフがツァーリに選ばれた。新しい権力形態が考えられることなく、ツァーリ専制権力が人々の合意で再建されたのである。もちろん貴族たちはイヴァン雷帝の再来は防ぐつもりであったろう。一六一三年、ミハイルの戴冠式がおこなわれ、ここに以後三〇〇年続くロマノフ朝が始まった。フィラレートは総主教に任じられ、国政を掌握した。ミハイル時代は商人も参加する全国会議が頻繁に開かれ、国家の再結集に大きな役割を演じた。

ロマノフ朝の成立

一六四五年に即位したロマノフ朝第二代のアレクセイのもとで、ロシアはあらたな発展を迎えることになった。一六四九年には全国会議の批准をえて「会議法典」と呼ばれる新法典が制定され、君主権が至上のものと規定されるとともに、士族の所領保有が保護され、都市民の地位が一率に扱われることとなった。農奴が逃亡した場合には無期限に探索ができることになり、これにより農奴制は完成された。帝権を制限していた全国会議は、一六五三年を最後に開かれなくなる。

国土の拡大の面で大きな意義をもったのは、小ロシア、ウクライナの併合である。ウクライナはルーシの国の発祥の地であったが、リトアニアの支配に属し、一五六九年のポーランドとリトアニアの合体以後はポーランド領となっていた。ポーランド地主にたいするウクライナ農民の反抗が高まり、ザポロージェを本営とするカザークが自治を否定されたことに反発して、立ち上がることになり、一六四八年、登録カザークのアタマン、ボグダン・フメリニツキーがポーランドに反旗をひるがえした。これは、またたくまに全ウクライナの独立戦争となったが、ポーランド軍も強く、一六五一年には敗北に終わった。そこでフメリニツキーはモスクワに援助を求め、アレクセイはウクライナのカザークを保護下におくことを決定した。一六五四年、ウクライナ・カザークはモスクワと臣従協定を結び、以後ウクライナ問題はモスクワとポーランドの戦争で争われることになった。一六六七年、ポーランドとアンドルソヴォ休戦条約が結ばれ、ついに、キエフとドニエプル川左岸のウクライナはロシア領となった。

このロシアの故地、肥沃な地を獲得したことはそれ自体意義があったが、キエフ神学校を中心としたウクライナの先進的な文化がモスクワにもたらされ、さらに、ここを媒介として西欧の文化がロシアに流入することになったのが重要である。この趨勢のなかでアレクセイも、西欧との郵便ルートを確立したり、外人士官を招いて、西欧式の軍隊の創設をはかるなどした。これら外国人はモスクワの郊外の外人町に住み、そこに新しい風俗を持ち込んだ。ピョートルの西欧化改革の前提は、すでに父帝アレクセイの治世に与えられていたのである。

他方でアレクセイは信仰心の厚い君主であり、新任の総主教ニコンが推し進めた教会儀式や教書の改革を支持した。一六五四年、教会会議はニコンの改革を承認し、これにたいして反対するアヴァクムを中心とする古儀式派の抵抗は弾圧された。しかし、ニコンがさらに教権の強化をめざすと、アレクセイはこれを許さず、一六五八年には両者は衝突するにいたった。一六六〇年の教会会議をへて、六六～六七年のギリシア正教会の大会議にいたり、ニコンの総主教職剝奪が決められた。このニコンとアレクセイとの争いを通じて、教権は帝権の下位にくることが決定的となった。

このとき、ヴォルガ川の下流で反乱者が立ち上がった。スチェンカ・ラージンの反乱である。ドン・カザークの富裕な家に生まれたスチェンカ・ラージンは、アタマンをしていた兄がモスクワの軍司令官に処刑されたのを憤って、反乱を決意した。彼は下層のカザークを集めて、ヴォルガ川の海賊となり、カスピ海に遠征して名をあげ、資金もえた。一六七〇年、ラージンはこの年にあいついで死んだ皇太子アレクセイとシメオンについて、「よき意志をもっていたがゆえに、大貴族に殺されたのだ」と説明し、「皇太子アレクセイは実は死なず、われわれのところにいる。立ち上がって、大貴族

スチェンカ・ラージン

Stepan Timofeevich Razin
(1630～71)

ロシア民謡「スチェンカ・ラージン」はよく知られている。部下のカザークの批判で、愛人にしていたペルシアのハンの娘をヴォルガ川に投げ込むという歌である。

島のかげから　えものを目指して
広々として　川波の上
スチェンカ・ラージンの塗り飾った
独木舟《まるきぶね》がゆっくりと現れる

と始まり、

ヴォルガ、ヴォルガ、生みの母よ
ヴォルガ、ロシアの川よ
そなたはドン・カザークの
贈り物は見たことがなかろう

とペルシアの美女を水中に投じる。
皆よ、なぜ泣いているのだ？
ああフィリカよ、悪魔よ、踊れ！
皆のもの、ともに進んで
彼女の追善をしよう　（井上頼豊訳による）

この歌は十九世紀の後半に採譜され、一八八〇年代に発表された。ここにみるスチェンカ・ラージンは女も愛するが、部下にも見栄を張る理解可能な人物である。しかし、民衆の伝承のなかにはもうひとつの鬼気迫るイメージがある。

十九世紀の歴史家コストマーロフが書きとどめている話では、カスピ海の岸で白髪の老人がスチェンカ・ラージンだと名乗っている。

「罪ゆえにわしは呪われているのだ。わしは一人苦しみを受けるように裁きをくだされた。二匹の蛇に血を吸われたのだ。……一〇〇年たって、一匹は去ったが、いま一匹は残っていて、真夜中に……心臓からわしの血を吸うのだ。わしは苦しい。もう一〇〇年たてば、ルーシには罪がふえ、神の使いも忘れてくれるだろう。……わしはまた世のなかへでて、前より暴れるつもりだ。」

蛇ではなく、鳥が苦しめるというヴァリアントもある。ときとして、ラージンは永久に腐らない遺体と観念される。ヴォルガの向こうの深い森のなかに沼がある。その沼に巨大なスチェンカ・ラージンの遺体が横たわっている。鳥がついばみ、蛇が血を吸っている。

「だが、時がくれば、彼は生き返り、もう一度ロシアの地に戻ってくる。」

ラージンはあまりに多くの貴族、役人を殺した。だから、神の罰で死ぬことができないのである。だから、彼は生き返る。その日はすべての主人たち、支配者たちにたいするもっとも厳しい裁きの日となるだろう。人々はそのように考えて、恐れとともに、その時を待った。

の裏切り者とヴォエボダ（地方長官）と闘おう」と呼びかけた。この年五月、ラージン軍はツァリーツィンを攻め落とし、ここを本営とした。いったん下流のアストラハンを攻めたうえで、ふたたび北上し、サラトフ、サマーラを落とし、シムビルスクに迫った。しかし十月、ラージン軍は政府軍に敗れ、本営に退却した。ここで裏切りが生まれ、翌七一年四月、ドン・カザークの有力者たちが本営を攻撃し、ラージンは弟とともに逮捕された。二人はモスクワへ送られ、ラージンは赤の広場で処刑された。この反乱はロシア国家に影響を残さなかったが、民衆の伝承と歌謡のなかには残り、豊富な形象をえている。

一六六六〜六七年の大会議で破門された古儀式派は、教会とともに国家にたいしても抵抗する姿勢を固めた。拠点であった白海のほとりのソロヴェツキー修道院は、八年間の抗戦の末、一六七六年降伏し、指導者のアヴァクムは八二年に処刑されたが、古儀式派はさらに焚身という行為によって抵抗した。一六七五年から九一年までに、二万人以上が焚身して死んだ。さらに、教会・国家の支配がおよばないところへ逃亡、脱出することもおこなわれた。奥ヴォルガからウラル、シベリアがこの人々の逃れていった先である。

第3章　ペテルブルク帝国

王冠をかぶる革命家

アレクセイ・ミハイロヴィチは、一六七六年に死んだ。彼には最初の后マリヤとのあいだにフョードルとイヴァン、マリヤの死後迎えた后ナターリヤとのあいだにピョートルと、三人の息子がいた。そのなかで、十五歳になったばかりのフョードルが帝位を継承した。そこで、先后の一族が動いて、ナターリヤとその子ピョートルは追い出され、モスクワ郊外のプレオブラジェンスコエ村に蟄居《ちっきょ》の身となった。しかし、若いフョードル三世が子どもを残さず、即位六年目の一六八二年に病死すると、十六歳になった少々頭の弱いイヴァンでは無理だということになり、十歳のピョートルが帝位を継承することになった。ところがイヴァンの実姉ソフィヤは野心家で、銃兵隊を動かしてクーデタをおこない、イヴァンを共同統治者にすえ、自分が摂政になって政治の実権を握った。ピョートルはふたたびプレオブラジェンスコエ村に戻った。彼は、外人町に出入りし、操船術を学び、戦争ごっこを通じ

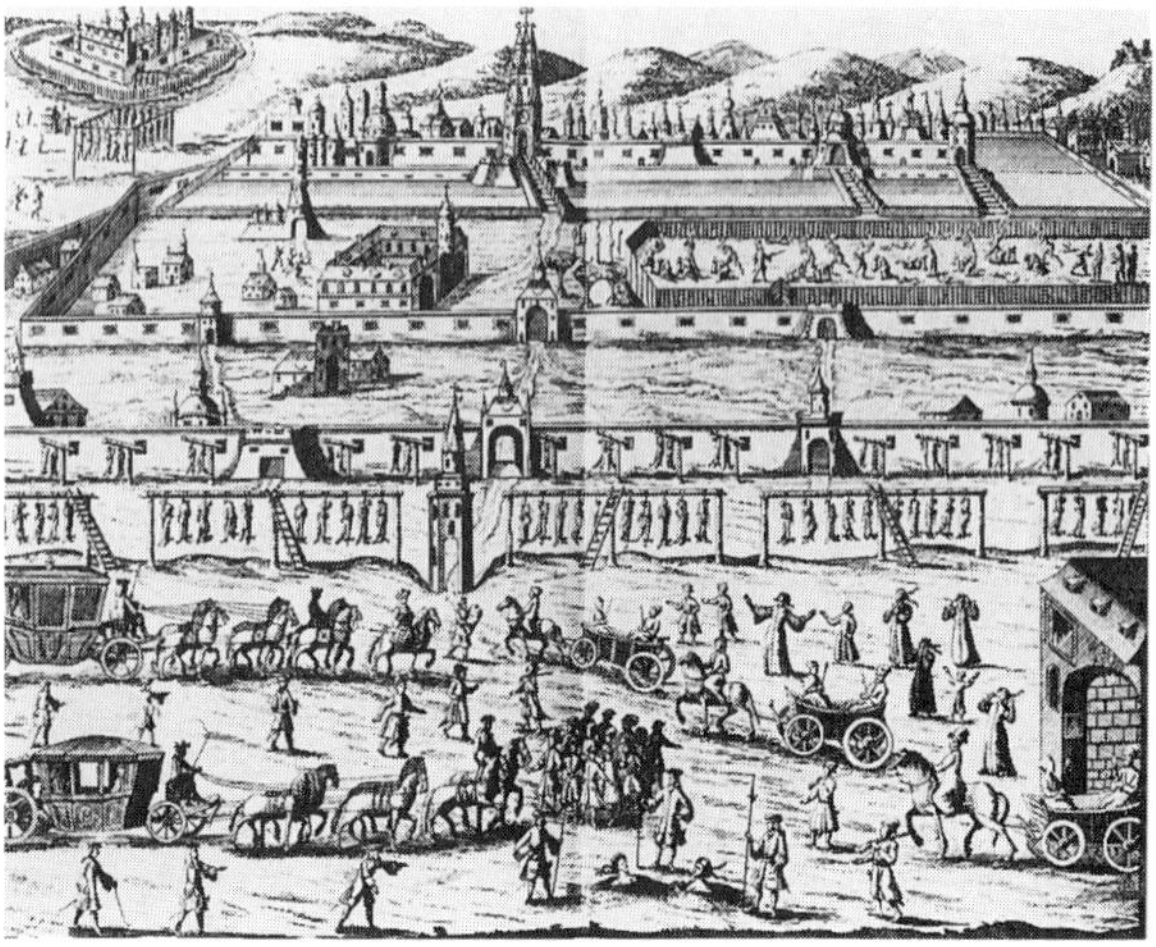

1698年，モスクワ近郊での銃兵隊の処刑（コルブ作，1700年）

て軍事演習をおこなうなど、独力で帝王学を積んでいくのである。一六八九年、クリミア・タタール攻略失敗で窮地に立ったソフィヤは、ピョートル殺害の陰謀を企てて失敗し、逆に修道院に幽閉された。十七歳のピョートルはその後も政治を母ナターリヤにまかせ、引き続き航海術と軍事の研究に没頭していた。

　母が死んだ一六九四年、二十二歳のピョートルはようやくにして国政を担当するようになる。彼の最初の行動は、ドン川河口のトルコの要塞アゾフの攻略戦であった。一六九六年、二度目の作戦で要塞は陥落し、ロシアの要塞に改造された。ピョートルのつぎの決断は、西欧への大使節団の派遣であった。三〇〇人もの団員が、オランダ、イギリスを中心に一年半ものあいだ西欧諸国を視察してまわり、各地で修業も積んだ。ピョートルも自ら名を秘して、これに同行した。アムステルダムの造船所で彼が働いたことは有名である。新帝が親政を始めたばかりで、これだけ長く国を留守にするというのは大胆な行為である。一六九八年、ソフィヤを黒幕とする銃兵隊の反乱の報で帰国したピョートルは、一〇〇〇名をこえる関係者を大量公開処刑して、彼の力を示し、そのうえで「西欧化改革」を開始した。彼は貴族の伝統的な長いあごひげを強制的に切らせ、西欧風の洋服の着用を命じ、キリスト誕生紀元の採用を発表した。

ピョートルが「玉座の上の革命家」(ゲルツェン)と呼ばれるのも当然である。彼の事績はまさにロシア史の特性をなす「上からの革命」、強力な権力をてこに進められる急激な改革の典型である。ピョートルは自分に与えられた権力を行使して、国家と社会の改造を進めることは、「公共の福祉」への奉仕であると信じていたであろう。彼はその意味で、十七世紀絶対主義国家の君主であった。直接的には、彼の「革命」は戦争遂行と結びついていた。

北方戦争と改革

一七〇〇年、ピョートルはバルト海への出口を求めて、ロシアを圧迫する強国スウェーデンとの北方戦争を開始した。緒戦ナルヴァの戦いでは敗北をきっしたが、ネヴァ川の河口に進出し、一七〇三年よりここの沼沢地に要塞の建設を始めるという不退転の意志を示した。一七〇九年、ポルタヴァの戦いで、ウクライナに攻め込んだスウェーデン国王カール十二世の軍勢に壊滅的打撃を与えたところで、戦局はロシア有利に変わっていく。

ネヴァ川の河口にペテロパウロ要塞をつくったピョートルは、一七〇四年には、要塞の対岸に海軍埠頭と海軍本部をつくり、しだいにここに新都をつくる考えをふくらませていった。沼沢地を埋め立てるのに、多くの農民が動員された。劣悪な労働条件で、死者も少なくなかった。ピョートルがモデルにしたのは、アムステルダムである。一七一三年にはモスクワから宮殿と元老院、その他の政府の建物を移動させた。ヴァシリエフスキー島には碁盤の目のように通りをつくり、貴族に移住を命じて、館をつくらせた。もとより、貴族だけでは都市はできない。命令により、職人も商人も強制的に移住

ピョートル

Pyotr I Alekseevich
(1672〜1725)

一七〇二年二月、モスクワでピョートル大帝はカムチャツカからシベリアを横断してきたギリシア人のような顔をした男に会った。デンベイと名乗ったその男は、日本人で、大坂谷町の質屋の息子であることが知られている。ピョートルは彼に、ロシア語を習得したら、日本語の教師となるように命じた。ピョートルは、遠い国日本に目を向けていた。一七一九年には、数学航海学校の卒業生にカムチャツカ探検を命じている。続いて、命令を受けたデンマーク人ベーリングがアジア大陸とアメリカ大陸を分ける海峡を発見するのは、ピョートルの死後である。

十八世紀末には、ふたたび傑出した日本人漂流民があらわれる。伊勢白子の船頭大黒屋光太夫である。彼もカムチャツカからシベリアを横断して、ペテルブルクにいたり、エカチェリーナ女帝に拝謁した。彼が一七九二年ついに帰国を許され、日本に戻ったあと、蘭学者桂川甫周にロシア事情を話すなかで、ピョートルについて伝えている。

「本国の世系は、当今より五世の祖ペートル・ペルヴォイといへるを中興の祖とす。此

の人、身のたけ七尺二寸、儀表よのつねにかはり、聡明叡智にして」

（『北槎聞略』一七九四年）

ピョートルは、身長が二メートルをこす大男だったのである。ペテルブルクのロシア美術館には、セローフが描いた大男ピョートルが闊歩する様子の絵がある。儀表とは、面ざし、顔つきのことである。顔から違う。頭がいい。ピョートル死後五〇年ほどして、いよいよ大帝の評判が高いのである。エカチェリーナ女帝がピョートルのためにつくったのが、ペテルブルクの名所となっている「青銅の騎士」像である。

ピョートル大帝（セローフ作，1907 年）

「今に至るまで此の王を以て本国の始祖の如くにおもひて、是より以前の事をばいはず、またくわしくしりたる人もまれなるよし。光太夫在留のうちも、あれこれと尋ねけれども、ペートル以前の事はかつてつまびらかならずとなり。」

（同上）

大黒屋光太夫が伝えたピョートル像は、オランダの本からはいっていたそれを増幅して、江戸末期の知識人にピョートル・モデルを広めた。一八〇五〜〇六年に、山村才助は『魯西亜中興の主「ペテル・ゴロオテ」一代略記』を出している。ペテル・ゴロオテとはオランダ語で、ピョートル大帝の意味である。渡辺崋山、佐久間象山のピョートル傾倒も有名である。ピョートルは、明治維新の源泉のひとつとなったといっていい。

デンベイに会って日本語教育を命じたピョートルがそのことを知ったら、どう思ったであろうか。

ピョートル時代のロシアとその周辺

させられた。最初は、建物の多くは木造だった。冬宮も、アレクサンドロ・ネフスカヤ教会も、そのあいだのネフスキー大通りの建物も、みな木造、木製であった。しかし、ピョートルは石造りの建物を望み、着々とそれをふやしていった。ピョートルの守護聖人ペテロから名前をとって、サンクト＝

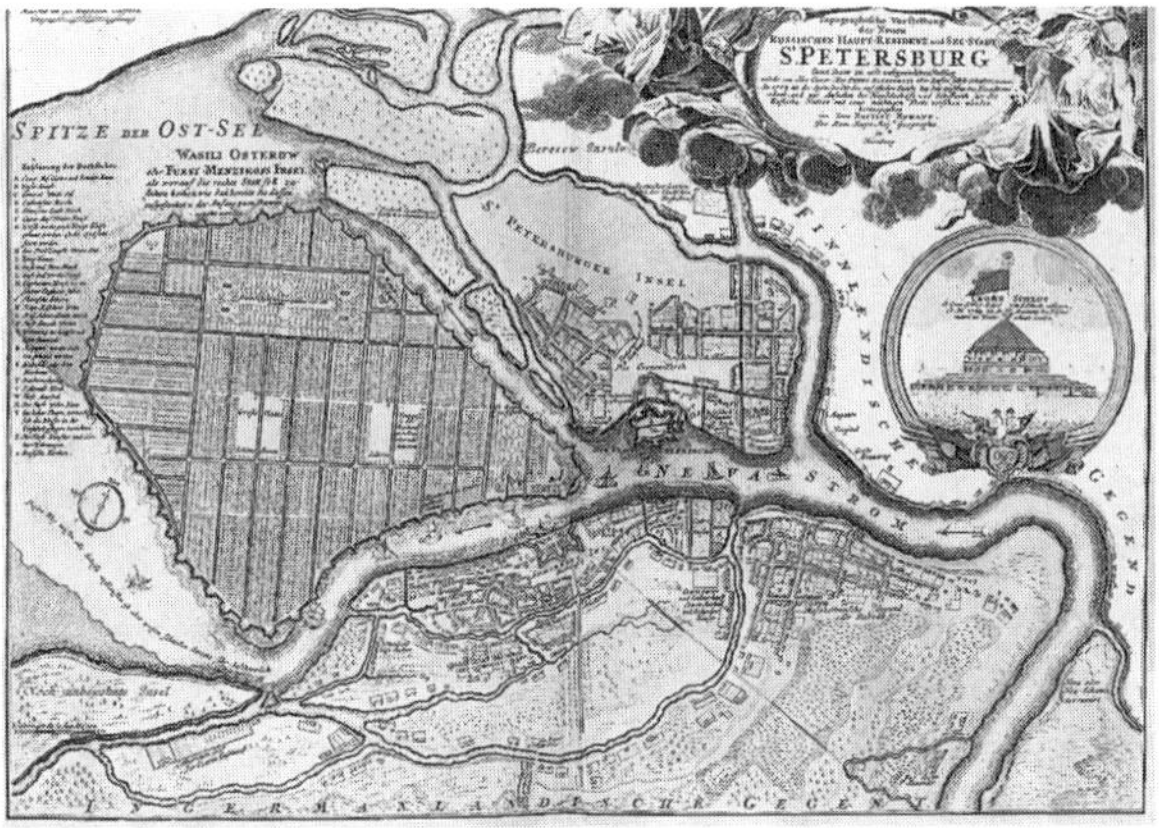

サンクト＝ペテルブルクの地図　ヨハン・ホフマンの地図（ニュルンベルク，1725年）より。

ペテルブルク（聖ペテロの町）と名づけられたこの新都は、一七一五年に正式にロシアの首都となった。「ヨーロッパへの窓」として、無からつくりだされたこの新首都は、ピョートルの「革命」の象徴であった。

このような新首都づくりを進めながら、北方戦争は前後二一年間にわたって戦われた。この戦争はピョートルの「革命」の前提であり、条件であった。

「革命」は軍事改革から始まった。戦争のためには軍隊が必要である。ピョートルは、農民からの大量の徴募、終身勤務によって、二一万人の陸軍をつくりあげた。このほかに、ロシアにこれまでなかった海軍がつくりだされた。軍隊には士官が必要である。一七一四年、ピョートルは貴族に教育の義務を課し、一子相続制を導入し、軍務を強制した。貴族を士官にさせるとともに、逆に士官を貴族に取り立てた。

さらに、戦争のためには資金がいる。巨大な常備軍の維持費は膨大なものにふくれ上がり、軍事費は財政の三分の二を占めた。すべては農民からしぼりとるしかない。塩、酒、タバコの専売権が商人に与えられ、そこから国庫収入が引き出された。戦争のためには工業もなくてはならない。大砲から軍服と帆布までの軍需物資の生産のために、ピョートルの奨励のもと、国外から多数の技術者、職人が雇い入れられ、多数のマニュファクチュアがつくられた。商業路や運河も整備された。ウラルに製鉄業が興こされ、ロシアは鉄の輸入国から輸出国に転じた。

戦争のためには国家の機構が統一されていて、機能的でなければならない。ピョートルはあえてこの面では、敵国スウェーデンの制度をモデルにした。一七〇八年には県制がしかれ、県知事がおかれた。一七一一年には、ツァーリの不在中の統治機関として元老院が設けられたが、一九〜二一年には、一一の参議会（コレギヤ）が設けられ、省庁の役割をはたし始めた。元老院のほうは司法検察面に特化し、君主から発する法によって、統一的に統治されるように保証する装置となったのである。教会もまた、ピョートルの意思に従わされた。教会・修道院領は国家によって自由に処分された。これまた国家収入をふやすためである。そのうえで、一七二〇〜二一年には、ピョートルは総主教職を廃止し、俗人を長とする宗務院（シノド）を設置し、これを通じて正教会を皇帝権力に従属させた。文化の世俗化が進行し、航海学校、海軍兵学校、砲術学校などの教育機関が開設され、一七一四年には算術学校の開設も決まった。

一七二一年、北方戦争はついにロシアの勝利に終わり、ニスタットの講和が結ばれた。この講和に際して、ピョートルは「インペラトール（皇帝）」の称号を受け、ロシアは帝国となった。こののちロシアは覇権を争う大国として、勢力を膨張させる方向に進んだ。ロシア帝国の時代の始まりである。帝国成立直後はペルシアと戦い、カスピ海沿岸付近を併合した。

できあがった帝国の基礎は、農奴制であった。一七一八年、ピョートルは全国的人口調査を命じた。農村の男子を一人残らず調査せよという命令である。調査は軍隊によっておこなわれた。この調査によって、さまざまな農民が領主農奴と国有地農民の二種類に整理された。一七二二年には、この調査に基づき人頭税が賦課された。これは軍隊維持のための目的税とされたものであり、その徴収もはじめは地方に分散した軍隊の手に委ねられた。一七二一年、マニュファクチュアを経営する商人たちに、労働力として農奴を土地つきで購入することが認められた。人口調査と人頭税賦課による農奴制の全国的整備・強化があればこそ、農奴労働力による工業化が推進されえたのである。人頭税の徴収は、のちに領主に委ねられた。

他方で、この帝国は国家への勤務、官僚制を柱にしている。一七二二年、官等表が制定された。文官・武官それぞれ一四等の官等が決められ、昇格の基準が作成された。非貴族も一定の官等に達すれば、貴族になれるのが特徴である。

ピョートル革命は、伝統的文化に生きる民衆を圧迫し、その反発をかった。民衆は、ピョートルは本物のツァーリではない、子供のときにすりかえられ、本当はドイツ人だと噂した。やがて、ツァーリは外国で捕えられており、帰国したのは偽者のドイツ人だという噂が生まれた。ピョートルが教会を権力のもとにおいたことは、ピョートルがアンチキリストだという観念を正教会の一部に生み出した。古儀式派への弾圧を強化した結果、古儀式派はピョートルをアンチキリストとして抵抗することになった。

他方で、ピョートル革命は、西欧文化、新しい知と美の世界に参入する貴族をつくりだした。西欧的な衣服をまとい、西欧的なエチケットを身につけ、舞踏会にでることが義務づけられた。印刷出版も奨励された。一七〇三年には、ロシア最初の新聞『ヴェドモスチ（報知）』が創刊された。一七二五年、ピョートルの死の年に科学アカデミーが創設された。そこで働く学者は、すべてドイツ語圏から招請された。ロシアにおけるナロード（民衆）と公衆（オープシチェストヴォ）の分裂も、ピョートル「革命」の産物である。

近代ロシアの大歴史家クリュチェフスキーは、この革命的改革を全体的に評して、これが「権力の威力により奴隷化された社会のなかに自主性を呼び起こし、奴隷所有者貴族を通じてロシアに社会的自主活動の必須条件としてのヨーロッパ的科学、国民啓蒙を定着させることを期待したのであり、奴隷が奴隷のままで自覚的に、自由に行動することを願ったのである」と結論した。まさにこの矛盾のなかに、ロシア史上の最初の「上からの革命」はあったのである。

女帝の時代

ピョートルが一七二五年に五十二歳で死ぬと、後継者はめまぐるしくかわった。まず后エカチェリーナが即位、初の女帝となった。貴族たちは最高枢密院をつくって、後見者となった。二年後に彼女が病死すると、ピョートルの死んだ皇太子アレクセイの遺児ピョートルが継承した。こんどは大帝の片腕だったメンシコフが摂政となったが、すぐに失脚した。一七三〇年、ピョートルも突然の病で急死すると、最高枢密院の推薦で、大帝の異母兄イヴァンの娘アンナが推挙されて、即位した。アンナはクールラント辺境伯に嫁いだが、未亡人になっていたのである。彼女の一〇年間の統治は、ドイツ人の寵臣ビロンが実権を握ったことで知られている。彼は秘密警察を掌握した。彼以外にも、陸軍はミュンニヒ、外交はオステルマンなど、ドイツ人が政治の中心に立った。

一七四〇年十月に女帝アンナが死ぬと、ビロンが摂政となって、アンナの姪アンナ・レオポリドヴナの息子、生後二カ月のイヴァンが即位した。これでは人々が、ビロンは「第二のボリス・ゴドゥノフ」になろうとねらっていると考えたのも無理はない。一カ月後、元帥ミュンニヒがクーデタを起こして、ビロンを倒し、皇帝の生母を摂政にした。その後ミュンニヒは退いたが、この摂政アンナのもとで、政治の実権を握ったのはオステルマンであった。当然ながら、入れかわり立ちかわりドイツ人の政治指導が続くことにたいして憤懣《ふんまん》が高まった。そのなかで、フランスとスウェーデンの公使と結んだピョートル一世の娘エリザヴェータが近衛部隊を動かして、クーデタを断行した。一七四一年十一月、近衛部隊の兵営で支持を訴えたエリザヴェータは、部隊とともに冬宮にはいり、摂政アンナを逮捕させた。

即位したエリザヴェータは、ピョートル大帝の事績の理想化を打ち出した。大帝死後の一五年間は暗黒時代であったとして、まずピョートル時代の国家機関の復活に着手した。内閣制を廃止し、皇帝官房を設置し、元老院が復活された。だが、エリザヴェータはピョートルではない。制度は復活できても、制度を動かす力はなかった。近衛兵が期待したように、外国人の影響を排するということも実際にはおこなわれなかった。他方、彼女の即位に荷担した外国の外交使節が期待したように、近代化への逆行、ロシアの弱化も起こらなかった。結局のところ、彼女の二〇年間の治世は、ピョートルの伝統の継承という看板のもとで、貴族官僚帝国が安定的に発展するのを保証するものとなったのである。

一七五四年には法典編纂委員会が設置され、そこで法典案が作成された。この法典案は実現はされなかったのであるが、貴族の願望が盛り込まれている。貴族たちは、国家勤務から解放されることを望んでいた。別の身分の者が、国家勤務に就くことで貴族身分になることを可能にする、官等表の廃止を望んでいた。さらに、農奴つきの所領を購入できる権利を、貴族の特権とすることを望んでいた。このうち国家勤務についてはアンナの時代に二五年と年限が定められていたが、エリザヴェータ時代には、さまざまな緩和措置が用意された。官等表は廃止はされなかったが、非貴族の昇進には制限がつけ加えられた。そして、商人たちの農奴所領購入権は制限されていき、一七六二年に最終的に廃止された。

ピョートルの奨励したウラルの冶金業は、この時代に飛躍的に発展して、ロシアはイギリスの二倍から三倍の銑鉄を生産するにいたった。貴族たちはこの分野におおいに進出した。一七五五年には、酒造業が貴族の独占と認められた。一七五三年には内国関税が全廃され、五七年には保護関税が施行されて、国内の商工業活動を一層有利にした。農奴制は最盛期を迎え、貴族領主の農奴支配はもっとも強まった。農奴虐待の最悪の見本として知られるサルトゥイチーハ事件が起こったのは、一七五六年のことだった。亡夫の所領を受け継いだ女領主サルトゥイコーヴァが、一〇〇人以上の農奴を自分で責め殺したか、殺させたという事件である。これはモスクワ市内で起こったことであった。

エリザヴェータは、フランスとスウェーデンの公使の助勢をえて帝位に就いたのだが、帝位に就くと、フランスが後押しするスウェーデンとの戦争の終結には、ニスタットの講和を前提にしなければならないという原則を貫いた。一七四六年、オーストリアとのあいだに期限二五年の防衛同盟条約を結び、同年から翌年にかけて、イギリスとのあいだに援助協定を結んだ。これによって、オーストリア継承戦争ではオーストリア側に立ち、フランスと戦うイギリス、オランダに三万人の部隊を提供した。七年戦争ではプロイセンと戦ったが、プロイセンと同盟するにいたったイギリスとは戦うことを避けた。オーストリア、イギリス、オランダとの同盟関係が、ロシアの安全保障には死活的利害をもつという、ピョートル外交の原則が守られたのである。

エリザヴェータの政治も寵臣政治であった。第一の寵臣はカザーク出身の歌手で、彼女の内縁の夫といわれたアレクセイ・ラズモフスキーであるが、最後の寵臣は一八歳も年下のイーゴリ・シュヴァーロフであった。シュヴァーロフは、開明的で、愛国的な政治家として振舞った。彼は、ロシアの生んだ大科学者ロモノーソフを庇護し、ロモノーソフがモスクワ大学を創設するために努力するのを助けた。ロシア最初の大学であるモスクワ帝国大学は、一七五五年に創設された。一七五六年にモスクワ帝国大学の新聞として創刊された『モスクワ報知』は、五九年には日刊新聞となった。一七五七年には、シュヴァーロフは芸術アカデミーの創設も実現した。

エカチェリーナ女帝と農奴たち

エリザヴェータは正式の結婚はしておらず、子供はいなかった。それで一七四二年にホルシュタイン伯に嫁いだ彼女の長姉の子を引き取り、正教に改宗させて、皇太子ピョートルとした。二年後、ホルシュタインの一族の娘ゾフィーが后に選ばれた。改宗してエカチェリーナとなった彼女は、寝室で人形遊びをしている精神的に幼い夫を軽蔑した。エリザヴェータは二人のあいだに生まれたパーヴェルを溺愛し、帝位をピョートルではなく、このパーヴェルにゆずるという噂が生まれる。エカチェリーナは、そのような事態を許さないためには、近衛部隊を動かすことまで考えた。だが心配は杞憂《きゆう》に終わり、一七六一年、エリザヴェータが死ぬと、ピョートルが即位した。

ピョートル三世は一七六二年二月、貴族の自由の詔書を発して貴族たちを喜ばせたが、プロイセンのフリードリヒ二世の崇拝者であった彼の政策は、奇妙な方向に向かった。ただちにオーストリアとの条約を破棄して、プロイセンと和を結んだ。軍隊にもプロイセン式、教会にもルター派的な僧衣の着用、人事でもホルシュタイン出身者の重用を推進した。そして、彼は妃エカチェリーナを退けようとする。不安になった宮廷とエカチェリーナは、ピョートルを除く道に進んだ。一七六二年六月、エカチェリーナは愛人の士官オルロフに近衛部隊のクーデタを実行させた。ピョートルは逮捕され、幽閉されることになっていたが、功をあせるオルロフの弟に殺されてしまう。エカチェリーナは夫にかわって、帝位に就いた。

宮廷クーデタの時代の頂点であらわれたこの四人目の女帝は、ピョートル以来の傑出したロシア皇帝となるのである。だが、彼女は生粋《きっすい》のドイツ人であり、夫を殺してその権力を奪ったという印象を人民にもたれていることを恐れていた。だから、女帝は積極的な政策プログラムをもち、それを実践することで、ロシア帝国皇帝にふさわしい存在であることを誇示しなければならなかったのである。彼女のプログラムは「ナショナルで、リベラルで、貴族身分的な方向」（クリュチェフスキー）のものであった。

まず、エカチェリーナは一七六六年末に、従来あった法典委員会に人民各層からの広範な代表を参加させるとの勅令を発表した。貴族だけでなく都市の家屋所有者、国有地農民

エカチェリーナ２世

や定住異族人（ユダヤ人やアジア系民族）からも多段階選挙で、五六四人の代表が選ばれ、付託要求書をもって一七六七年、モスクワに参集した。この委員会の冒頭、エカチェリーナが書いた「訓令」が朗読された。これは、モンテスキューの『法の精神』とベッカリーアの『犯罪と刑罰』の二著を参考にして書かれたもので、法治主義を説くとともに、ロシアのような広大な国では専制権力が必要であることを主張していた。委員会では、貴族の代表が、他身分の者が官等によって世襲貴族に取り立てられる現行制度に反対し、貴族の特権を主張したのに、都市の商人の代表は自由雇用労働は信頼がおけないとして、農奴を店員として所有することを、商人身分にも認めるように主張した。委員会は、貴族の法と商人の法を論議した。一七六八年には、ペテルブルクに会場を移して議論を続けたが、年末にいたり、活動の中止が命じられた。

法典委員会の議論からは、なにもかたちある成果はでなかった。しかし、この法典委員会は皇帝権力が人民各層の支持をえて、法により統一的・安定的に統治することを宣伝する役割を演じた。エカチェリーナはヴォルテールと文通し、ディドロを招待するなど、啓蒙君主として開明性を誇示した。

対外政策において、エカチェリーナはロシア帝国の拡大に向けて積極策をとり、国内の願望に応えようとした。南部国境の拡大の面では、一七六七年からの第一次トルコ戦争の結果、七四年のクチュク＝カイナルジ条約で、ドニエプル・南ブグ川の河口、ケルチ地峡を獲得し、八三年にはクリミア・ハン国を併合した。さらに、一七八七年からの第二次トルコ戦争の結果、九一年のヤッシーの講和で、南ブグ川とドニエストル川のあいだの地を獲得した。こうしてロシアはクリミア半島を含め、黒海の北岸を完全に自らのものにしたのである。

西部国境の拡大の面では、不断の脅威となってきたポーランドを、プロイセンとオーストリアと組んでついに分割して、国家の存在自体を抹消してしまった。初めは、エカチェリーナはかつての愛人ポニャトフスキーをポーランド王位に就けることに成功し、彼を通じてこの国をロシアの保護国としようとしたが、ポーランド人の抵抗が強まると、一七七二年に第一次分割をおこない、領土を獲得した。さらにポーランド内部の分裂に乗じて、一七九二年にはワルシャワを占領し、翌年第二次分割をおこなった。再度ポーランド人が反乱を起こすと、これを鎮圧し、一七九五年に第三次分割をおこなって、分割を完了させた。三回の分割で、ロシアはギリシア正教の地域であるベロルシアとドニエプル川右岸のウクライナ、それにカトリック教の地リトアニアを獲得した。獲得された南部の新領土には、貴族の所領がつくられ、農奴制が拡大されていった。カザークもモスクワの指揮下に繰り込まれていくこととなり、これにたいする不満を基礎に起こってくるのが、プガチョフの反乱である。

ヤイク川流域のカザークにも、正規軍に編成するとの動きがあって、緊張が高まっていた。逃亡カルムイク人追跡の命令を拒否したヤイク・カザークは、一七七二年、反乱を起こして、鎮圧された。翌一七七三年、この地に姿をあらわした一人のカザークは、自分が殺されたといわれる皇帝ピョートル三世であると名乗り、皆の信頼を受けて、九月に一〇〇人ほどの同志で兵をあげた。この人物はドン・カザーク出身のプガチョフであった。七年戦争においてプロイセンで戦ったのち、脱走して、手配されていた。「帰りくる救い主ツァーリ」の神話がすでにあったからこそ、むしろプガチョフが

エカチェリーナ女帝の肖像の上に描かれたプガチョフの肖像（18世紀末，歴史博物館蔵）

人々に発見されたのだといったほうがいいかもしれない。村々はピョートル三世軍に戦わずして降伏し、翌月オレンブルク要塞を攻めたときには、二〇〇〇人の兵を擁するまでになっていた。プガチョフはここを攻める一方、別動隊をウラルの鉱山に派遣し、鉱山の人夫やバシキール人を立ち上がらせた。一七七四年七月、反乱軍はカザンを占領したが、そこからモスクワに攻めのぼることはせず、ヴォルガ川を南下して、農民を反乱に立ち上がらせた。だが、ツァリーツィンを落とすことができず、かえって壊滅的打撃を受け、振出しのヤイクの地で裏切りによって逮捕された。プガチョフは一七七五年一月、モスクワで処刑された。

民衆反乱の歴史は、こうして閉じられることとなった。「プガチョーフシチナ」の記憶は残るが、民衆が活発であった時代が去り、民衆にとって忍従の世紀がくるのである。

反乱に衝撃を受けた皇帝権力は、この年のうちに地方制度改革を実行した。五〇の県がおかれ、その下に二五〇の郡がおかれた。このうち、県のレヴェルの長官には中央の官僚が任命されたが、郡のレヴェルの行政と司法には、現地の貴族から選ばれた者が参加することになった。
一七八五年には、貴族と都市にたいする特権認可状がだされ、貴族団の拡大と貴族身分の権利が整理された。都市民にも自治団体が認められたが、こちらは不活発に終わった。総じて、貴族たちはエカチェリーナの帝国でわが世の春を謳歌していた。文化的な発展もめざましかった。

18世紀末のペテルブルク B.パターソンの絵による銅版画。1794年。

ペテルブルクは、このとき今日の姿を基本的に完成させていた。イタリアの建築家ラストレリがこの世紀に数十年かけてつくった美しい石造りの宮殿、邸宅が通りを飾った。元老院広場の中央に、ピョートルの騎馬像、「青銅の騎士」がエカチェリーナによって立てられたのは、一七八二年であった。ネフスキー大通りの中央には、ゴスチンヌイ・ドヴォルという商店街も完成した。即位とともに竣工した現在の冬宮にはいったエカチェリーナは、その治世のあいだにエルミタージュ美術館を増設し、西欧の名画のコレクションをつぎつぎと買い入れた。劇場もふえ、一七八三年開演のカーメンヌイ劇場は、今日のキーロフ劇場の起こりである。エカチェリーナは、一七七九年に演劇学校を設立する。バレエの教育はすでに始まっていた。書店もふえ、ペテルブルク、モスクワをあわせて、五〇軒を数えるにいたった。新聞も購読者がふえた。『ペテルブルク報知』の部数は、一七八七年の九七〇部から一七九〇年には二〇〇〇部にふえた。『モスクワ報知』の方は四〇〇〇部に達した。

だが、西欧文化の流入は自由思想の流入でもある。フランス革命は、エカチェリーナの帝国に脅威を与えた。エカチェリーナは、自由思想のロシアへの流入に目をひからせた。その最初の犠牲者が、『ペテルブルクからモスクワへの旅』(一七九〇年)の著者ラジーシチェフであった。農奴制を批判したこの書物は発禁処分となり、著者はシベリアへ流刑された。貴族のなかにはフリーメーソンの組織が生まれ、加入する者が多くなった。その中心的なメンバーであったノヴィコフは、諷刺雑誌をいくつも創刊し、農奴制批判の論陣を張った人だったが、一七九二年に逮捕され、シリッセリブルク要塞監獄に幽閉された。

皇太子、父帝を殺す

一七九六年にエカチェリーナが死ぬと、四十二歳の皇太子パーヴェルが即位した。彼の最初の立法は、帝位継承法(一七九七年)であった。後継皇帝を指名する従来のやり方にかえて、定められた順序で男系の長子が継承していくことになった。女帝は禁止された。ついでパーヴェルは、貴族の特権を改めて制限しようとして、貴族からの反発をかった。しかし、問題は外交政策である。はじめ、パーヴェルはイギリス、オーストリア、プロイセンとの反仏同盟に加わった。ロシアの誇る元帥スヴォーロフは一七九九年、同盟国イタリア派遣軍司令官に任命され、ミラノ、トリノを占領したのち、アルプス越えの大胆な秘策によりスイスでフランス軍を破り、勇名をとどろかせたのであった。ところが、この年ナポレオンがフランスで権力を握ると、パーヴェルは彼に心酔して、接近をはかり、一八〇〇年には一転して、ナポレオンと反英同盟を結ぶにいたった。スヴォーロフは召還され、失寵のなかで急死する。皇帝の専横ときまぐれにたいする不満が高まることになったのは、必然である。

イギリス大使ウィトワースも関与して、陰謀がスタートした。中心人物は、名門貴族ニキータ・パーニン、外務参事会副総裁である。陰謀の狙いは、父帝を廃して、皇太子アレクサンドルを擁立し、立憲制へ進むことであった。若いパーニンは、老練な政治家、首都総督パーレンを仲間に誘い込んだ。パーニンは摂政を立てるという案だったが、パーレンは皇帝を殺すしかないと考えた。やがて、パーニンは皇帝に嫌疑をかけられ、首都を追われた。一八〇一年の初め、ロシアは同盟関係にあったグルジア王国を併合したが、パーヴェルはナポレオンとの協力を頼みに、カザーク部隊のインド遠征という途方もない企てに着手した。このとき、三月十一日、パーレンは近衛連隊を動かしてパーヴェルを殺し、皇太子を皇帝に擁立した。帝政ロシア最後の宮廷クーデタである。

ナポレオン戦争

即位したアレクサンドル一世は、エカチェリーナ女帝のお気に入りの孫であった。スイス人の共和主義者ラ・アルプを家庭教師につけられて育ち、開明的な思想の持ち主であった。彼は、父殺しの陰謀家たちを退けて、「若き友人たち」と呼ばれたコチュベイ、ストローガノフ、ノヴォシーリツェフ、ポーランド人チャルトリスキらを呼び戻した。彼らは六月に皇帝とともに秘密委員会を構成し、改革案の策定に努力した。最初の成果は、一八〇二年に一一の参議会（コレギヤ）にかえて八つの省を設置し、大臣の合議体である大臣委員会を設置したことである。秘密委員会は、貴族の自発的な農奴解放の許可や大学の設置など、アレクサンドルを説得して、改革を進める努力を重ねた。しかし、一八〇三年、英仏断交からナポレオン戦争が全ヨーロッパに拡大するなかで、ナポレオン打倒を主張する「若き友人たち」と皇帝が衝突したため、この委員会の役割は終わることになる。

結局ロシアは一八〇五年、イギリスと同盟し、フランスと戦うことになった。しかし、ロシア軍はアウスターリッツでの敗北以来、敗北に敗北を重ねた。このため、アレクサンドル一世は一八〇七年六月二十五日（新暦）、ナポレオンとニーメン川の筏《いかだ》の上で会見し、翌日プロイセン王をまじえて、ティルジット条約を結んだ。こうしてロシアはフランスとの同盟に戻り、大陸封鎖に参加することになった。もっとも、ロシアがこれで戦争をやめたわけではない。一八〇八年にはスウェーデンと戦争し、翌年フィンランドを獲得する。アレクサンドルはフィンランド大公国をつくり、その大公ともなるのである。フィンランドは自治を認められた。

この段階で、アレクサンドルの関心はふたたび国内問題に戻り、今度はスペランスキーという改革者を登用した。スペランスキーは村の司祭の子、神学校出身という経歴の人だが、たいへんな構想力をもっていた。一八〇九年にまとめられた彼の国家改造案は、法に基づく絶対権力の統治という考えに基づいていた。郷会、郡会、県会を間接選挙で選び、そこから各レヴェルの行政府と司法府を選ばせるとともに、県会で選ばれた候補のなかから、皇帝が国家ドゥーマ議員と最高司法府の元老院法官を任命する。国家ドゥーマは立法機関ではなく、皇帝が任命する省の大臣への諮問・勧告機関にすぎない。このような三権の区分の上に皇帝が立って統一をはかるのだが、それを助けるものとして国家評議会が考えられていた。しかし、この改革案からは一八一〇年に国家評議会が設置されただけに終わった。国家評議会は高官軍人からの任命議員からなり、皇帝の立法権行使への諮問機関であった。

スペランスキーは、もともと中央政界では孤立していた。皇帝の信任が唯一のよりどころであったが、一八一〇年にフランスとの協調体制が破綻し、反フランス的雰囲気が強まるなかで、スペランスキーはフランスに内通しているとの攻撃が加えられ、皇帝も動揺した。一八一二年三月、スペランスキーは首都から追われ、流刑地に送られた。

一八一二年六月、ついにナポレオン軍はロシアに侵入した。五七万五〇〇〇人の大軍は、モスクワめざして進撃した。アレクサンドル一世は、ヴィリノで「わが国に一人の敵兵もいなくならないうちは、朕は武器をおくことはしない」と誓ったが、ロシア軍は公称二二万人しかなく、後退を重ねた。焦土戦術がとられた。フランス軍がスモレンスクに入城すると、八割以上の建物は焼け落ちていた。混成軍のナポレオン軍も、急速に兵力が減少していく。他方で、ロシア側では侵略者に抗して祖国戦争に立ち上がれという意識が日増しに高まった。六十七歳の老将軍クトゥーゾフが総司令官に任命さ

ボロジノの戦い（ゲッセ作，1843年）

れ、八月二十六日、モスクワ郊外ボロジノで初の本格的決戦がおこなわれた。未明から夕刻までの大軍の激突で、ナポレオン軍二万五〇〇〇人、ロシア軍七万人の損失がでたが、後退したロシア軍の意気は盛んであった。この決戦後にクトゥーゾフはモスクワ明け渡しという極限策を打ち出した。

かくして、一一万人の兵を率いたナポレオンは無人のモスクワに入城した。しかし、その夜からモスクワの各所には火が放たれ、モスクワの三分の二は廃墟と化した。モスクワ総督ロストプチンの命令によるものであった。ナポレオンは講和を求めて、使者をアレクサンドルに送るが、黙殺された。食糧がなくなったフランス軍は、鳥を撃ち、猫も食べた。ついに、ナポレオンはモスクワを一カ月ですて、撤退を開始せざるをえなかった。

この退却する部隊に、ロシア軍と農民パルチザンと冬将軍が襲いかかった。ナポレオン軍は、ロシアの領

ペテルブルクのカザン聖堂（1840年代の銅版画）

内をでたときには、わずか三万人の敗残兵部隊と化していた。

クトゥーゾフはこの勝利の翌年病死したが、ロシア軍は皇帝とともに、ナポレオン軍を追ってヨーロッパに進撃し、一八一四年三月、ついにパリに入城した。ナポレオンは退位して、エルバ島に流された。アレクサンドルは、ナポレオンを破ったという実績をバックに一八一五年のウィーン会議で主役を演じ、神聖同盟を提唱した。かねていだいていたポーランド復興の夢を、彼はナポレオンのワルシャワ大公国を大部分吸収してポーランド立憲王国をつくり、自らその王となることで実現した。

ナポレオンとの戦争における勝利は、ロシア帝国にとっての大きな出来事であった。この戦争の開始のときに竣工したネフスキー大通りの中央のカザン聖堂には、壊滅したフランス軍の軍旗が奉納され、クトゥーゾフの遺骸がここに埋葬された。聖堂は、祖国戦争勝利の栄光の殿堂となったのである。皇帝の勝利を称えて、冬宮前広場にアレクサンドルの円柱が立てられるのは、一八三四年のことである。

皇帝の死とデカブリスト反乱

戦後の国際政治に没頭する一方、神秘主義にも傾斜したアレクサンドルは、一八一五年から国内政治を元陸軍大臣のアラクチェーエフ一人に委ねるようになった。彼の名前は、反動スパイ政治の代名詞となる。打ち出された唯一の新政策は、屯田兵制度の実施であった。ヨーロッパに出陣して、自由の空気を吸って帰った貴族たちは、この反動政治に反発した。そこから、立憲制と農奴制の廃止をめざす運動、デカブリスト（十二月党員）の運動が生まれた。愛国主義的な青年貴族は、フリーメーソンの影響も受け、秘密結社の組織を進めた。ペステリを指導者とする南方結社は共和制を志向し、ニキータ・ムラヴィヨフを指導者とする北方結社はより穏健な立憲制を主張した。一八一一年、首都郊外のツァールスコエ・セローに有力な官僚養成の貴族学校、リツェイが開校されていたが、そこで学んだキュッヘリベッケルたちもデカブリスト運動に参加し、学友の詩人プーシキンも運動の周辺にいた。一八一九年には、ペテルブルク帝国大学が開設されたが、その影響はつぎの時代のことである。

一八二五年十一月十九日、アレクサンドル一世は黒海沿岸のタガンロクで急死した。彼には子がいなかった。帝位継承法によれば、次弟コンスタンチンが継承することになるが、妃と離婚したうえ、ポーランド人伯爵の娘と再婚した彼は、帝位継承辞退を申し出て、すでにアレクサンドルに承認されていた。だから、帝位は第三弟のニコライが継承することになるのだが、アレクサンドルはこれをニコライに隠していた。このことが混乱を生み、皇帝の空位が三週間におよんだ。デカブリストはこの混乱に乗じようとした。

十二月十四日、ニコライの宣誓式の日、ベストゥージェフ兄弟は近衛三連隊約三〇〇〇人を率いて、元老院広場に集結した。基本的にはそれは反乱ではなく、デモンストレーションであった。斥けられた別案では、各連隊はそれぞれがもうひとつの連隊に働きかけ、反乱に加わらせ、六連隊の力で反乱に立ち上がれば、残りの連隊を圧倒でき、かつ攻撃にでて、ニコライを逮捕し、政府機関を占領することができるとされていた。しかし、この案にかわって、ただちに広場に結集するという詩人ルイレーエフの案が採択されたので、積極案の策定者で、最高軍事指導者に擬せられていたトルベツコイは広場にもこなかった。かくて広場にでた反乱者は無為に時を過ごし、ニコライ軍に完全に包囲され、夕刻には大砲を打ち込まれ、壊滅させられた。

デカブリスト反乱の鎮圧（クリマン作，1830年代） 1825年12月14日，元老院広場にて。

ニコライは即位して、逮捕した百数十名のデカブリストを裁判にかけ、ペステリ、ベストゥージェフ＝リューミン、ルイレーエフら五名を絞首刑にした。残りの人々はシベリアへ流刑された。ニコライ一世は首都追放中であった詩人プーシキンには赦免を与え、権力に屈服させようとした。デカブリストの妻たちのうち、ヴォルコンスキー、トルベツコイ公爵夫人ら九人がシベリアの夫たちのもとへ向かった。プーシキンはその一人に詩を託し、デカブリストに「自由の声」を送った。デカブリストの詩人オドエフスキーがこれに答えて、「火花（イスクラ）からやがて炎がもえあがる」と書き送っ

プーシキン

Aleksandr Sergeevich Pushkin
(1799~1837)

プーシキンは父系からすれば由緒ある名門貴族の家であったが、母方はロシアに帰化したピョートルの寵臣《ちょうしん》、アビシニア人（エチオピア人）のガンニバルの子孫であった。彼は、自分の家系を小説『ピョートル大帝の黒奴』に書いている。十二歳のとき、ツァールスコエ・セロー（ソヴィエト時代にプーシキンと改称）に開校されたリツェイに、第一期生として入学した。六年間ここに学び、在学中に詩人としての才能を開花させた。

リツェイは貴族の子弟に官吏となるための教育をほどこす機関で、プーシキンも卒業すると、外務省に勤務した。しかし、政治的な詩「自由」「農村」「チャダーエフへ」などを書いたため、南方に追放された。彼はオデッサ、キシニョフ、ヤルタなどに滞在し、ロマン主義的な詩を書いていたが、一八二四年には、無神論的な内容の手紙をとがめられて、母方の領地、プスコフ県のミハイ

ロフスコエ村に追放された。

ここで、彼は名作『エヴゲニー・オネーギン』『ボリス・ゴドゥノフ』の執筆に打ち込んだ。そして、一八二五年十二月、彼はデカブリスト反乱の知らせを聞くことになった。この反乱には、リツェイの同級生キュッヘリベッケル、プーシチンらも加わっていた。裁判で首謀者は処刑され、そのほかの参加者はシベリアへ送られた。プーシキンは、書きかけの原稿の端に絞首台の絵を描いた。

一八二六年、皇帝ニコライ一世は、プーシキンを首都に呼び出して、たずねた。デカブリスト反乱の日、首都にいたらどうしたかと。プーシキンは、反徒の仲間にはいっていたと思いますと率直に答えた。皇帝は、考え方を変えると約束してほしいと求めた。プーシキンは、そうすると答えた。これによって、皇帝はプーシキンの流刑を解いた。

秘密警察の監視下に、プーシキンの首都生活が始まった。彼は一八三一年、ナターリヤ・ゴンチャロヴァと結婚する。珠玉の短編『ベールキン物語』を書き、プガチョフを好意的に描く小説『大尉の娘』を書き、さらに『プガチョフ反乱史』を書くにいたった。ピョートル大帝を描いた詩『青銅の騎士』、そして小説『スペードの女王』と、プーシキンの文学は広がりと深みをもった。かくして、彼はロシア国民文学の父となり、文章語としてのロシア語を完成させたのである。

だが、彼を憎む者はナターリヤにいいよるフランス出身の将校ダンテスを利用した。プーシキンは決闘をいどみ、一八三七年一月二十七日、ダンテスに撃ち殺された。

モスクワのトヴェルスコイ通りのなか程に、プーシキン広場がある。その中央のプーシキンの銅像のまわりは、ソ連時代、言論の自由を求める異論派のデモの場所であった。今、プーシキン像は通りの向こうのマクドナルドの店を見ている。

てきた。詩人ネクラーソフも後年「デカブリストの妻たち」という詩を書いて、彼女たちに捧げた。

デカブリスト運動参加者は貴族エリートの中枢部に広がっていて、兄弟でデカブリストと皇帝派の要人に分れる者も少なくなく、また転向して政治家になる者もいた。このことは革命が勝利した場合、ロシアを統治する能力を十分備えた人々が、デカブリストの側にもいたことを示している。その意味では、ロシアはこのとき立憲君主制への転換のチャンスを逸したといえる。のちにシベリアから帰った元デカブリストたちは、アレクサンドル二世の大改革に参加する。

ニコライ一世の政治

ニコライは、革命運動の再燃を未然に防ぐために、一八二六年には秘密政治警察、皇帝直属官房第三部を設置し、ベンケンドルフをその長官に任命した。同年、検閲法も制定された。プーシキンは厳しく監視された。しかし、そのなかで彼は『エヴゲニー・オネーギン』を完成させ、『プガチョフ反乱史』を書いた。一八三七年、決闘で殺されるまで数々の名作を残した彼は、ロシア国民文学の祖となり、その詩はロシア文化の精華となった。専制権力との緊張のなかで、文学の力が爆発的に伸び、プーシキンの開いた道からゴーゴリ、トゥルゲーネフ、ドストエフスキー、ゴンチャローフら、多くの作家が登場し、世界を驚かせるロシア文学が一挙に開花することになるのである。

しかし、ニコライも弾圧だけしていたわけではない。一八二六年には、十二月六日委員会と呼ばれた委員会を組織し、行政改革と農奴制にかんする検討を始めさせた。この委員会のメンバーには、前帝と近かったコチュベイとスペランスキーがはいっている。また、ニコライは法の整備に熱心で、スペランスキーを中心に、『ロシア帝国法律集成』（四五巻）と現行法の『ロシア帝国法全書』を編集させた。貴族の子弟から法律専門家を養成するための法律学校も、一八三五年に開設された。

さらに、工業の振興にも努力がなされた。一八二二年の保護関税のもと、綿紡績業が発展した。農奴身分から商人身分になったブルジョワジーのために、名誉市民という身分が一八三二年に創設された。農民問題では、キセリョフを中心に、一八三七年から国有地農民の改革が始まった。新しい国有財産省の管理下に国有地農民の自治を認め、その地位を向上させることがなされた。国有地農民は、ヨーロッパ・ロシアの農村人口のほぼ半分に近づいていたから、この改革の意味は大きかった。もっとも、一八三九年にはキセリョフ改革を領主農奴にもおよぼす試みがなされたが、こちらは成功しなかった。

帝国と辺境

国家のイデオロギーは、専制主義とナショナリズムである。文相ウヴァーロフは一八三三年に、国民教育は「正教、専制、国民原理（ナロードノスチ）」によるべきだと提唱した。そして、ネッセリローデ外相の働きで、ヨーロッパの安定が追求された。一八三〇年のポーランド反乱の鎮圧後、ポーランド王国憲法と国会を廃止し、行政上の自治だけを残す厳しい政策がとられたが、以後はトルコとの戦争を繰り返し、勝利を重ねた。中央アジアでは、カザフ人のハン国の併合を進め、一八四六年にケ

ペテルブルクの鉱山高専（1830 年代の銅版画）

ネサールイ・カシーモフの抵抗を鎮圧して、ほぼ併合を終えた。ニコライにとって頭の痛いのは、カフカース戦争が終わらないことだった。ここでは、シャミーリを政治的・宗教的指導者イマームとする国家が、ダゲスタン、チェチェンの地で、一八三四年からロシア軍に抵抗する聖戦を続けていた。一八五一年になって、有力な将軍ハジ＝ムラートとシャミーリのあいだに対立が生じ、ハジ＝ムラートはロシア軍の側に投降した。しかし、彼は脱走し、追跡したロシア軍に殺された。シャミーリ軍は戦いつづけた。

　国内外にわたる厳しい統制政策と官僚化、部分的工業化が結合されるなかで、ロシアはかつてなく安定していた。もとより、知識人にとっては息がつまる思いである。チャダーエフは、ロシアは文明社会の前に白紙、ゼロだと嘆いた。キレエフスキー兄弟、ホミャコーフらスラヴ派が、ピョートル以前のロシア、近代化されない共同体のロシアを賛美したのに、グラノフスキーら西欧派は一層の西欧化を主張した。どちらもニコライの安定に不満だった。

　ヨーロッパに一八四八年革命が起こると、ニコライ一世のロシアは、「ヨーロッパの憲兵」として力をふるった。ニコライは、革命に脅えるヨーロッパの王たちには、たのもしい後ろ盾であった。一八四九年には、カザーク兵はハンガリーのシェゲシュヴァール平原まで進出して、国民詩人ペテーフィほか、多数のハンガリー革命軍兵士をなぎ倒した。ロシア帝国は無敵とみえた。だが、安定は停滞とうらはらであった。農奴制に立つ帝国は、危機前夜の状態にあったのである。

嵐の前の静けさといった感のある一八五二年九月、ニコライは日本との国交樹立をめざして、海軍大将プチャーチンの小艦隊を世界一周の旅に出発させた。一年後の一八五三年八月、プチャーチン艦隊は長崎の港にはいり、新しい皇帝の訓令に基づいて、国交と国境にかんする交渉を開始する。だが、始まった戦争で、交渉のゆくえはわからなくなった。

クリミア戦争と大改革

一八五三年十月、ロシアとトルコの戦争がまたもや始まったとき、皇帝ニコライを初めとして、誰一人ロシアの勝利を疑う者はいなかった。だが、翌年トルコの側にイギリスとフランスが参戦すると、状況は一変した。戦争は、産業革命を終えた先進国イギリス、フランスと農奴制の国ロシアとの、絶望的な戦いとなった。ロシアには鉄道はなく、海軍もいまだ帆船が主力であった。軍隊は、農奴から長期徴兵されるカスト的な軍隊であったから、戦時に追加動員できる予備役兵はなかった。その結果、新兵を大量徴募したため、領主経営は農奴を失い、限界に達した。そこで、一八一二年と同じく志願の国民兵が募集された。農奴たちは、これに応じれば自由が与えられると勝手に解釈し、村をすててモスクワをめざした。戦争のための動員は、社会秩序をゆるがす不満の爆発に契機を与えたのである。戦費も膨大にふくれ上がった。紙幣の濫発で対応したから、財政はたちまち破綻し、インフレが起こった。

知識人や開明的な官僚のなかには、体制批判が噴出した。意見書が筆写されて、国中に広められた。「ロシアは、東方でのヨーロッパとのおそるべき衝突を通じて、文明開化の必要を確信するだろう」と書いたのは、モスクワ大学教授のポゴージンであった。「どこの国よりも必要な鉄道もなく、街道すらもわが国には十分ではないのだ」「うわべは金ぴかだが、なかは腐っている」と体制を断罪したのは、現職県知事ヴァルーエフであった。そのなかで、三四九日もちこたえたセヴァストーポリ要塞が、ついに一八五五年八月二十七日に陥落する。従軍したトルストイが描いたように、農奴兵士は忍耐強く戦ったが、勝敗は体制の差の結果であった。敗北は危機を現実化した。

すでに一八五五年二月に急死したニコライ一世にかわって、皇太子アレクサンドルが即位していた。三十七歳の新帝は、すみやかな講和に努力し、一八五六年三月、パリで講和条約が結ばれたが、ロシアは黒海に艦隊を維持することを禁じられ、ベッサラビア南部を失った。この屈辱にたえながら、アレクサンドル二世は終戦の詔書を発し、そのなかで、「国内の整備」の強化と仕上げ、裁判所における「正義と仁慈」の支配、「万人にとって等しく公正な……法のもとで」の「罪なき労働の成果」の享受などを語って、改革路線を宣言した。同月、皇帝はモスクワ県の貴族に向かって、領主と農奴のあいだには敵対感情が存在している、「遅かれ早かれ」両者の関係の変革に着手しなければならない、とすれば、「これが下から起こるより、上から起こるほうが遥かによい」と説得している。

皇帝の改革への意志は、「赤い大公」と呼ばれる弟の海軍総裁コンスタンチンによって支えられていた。彼の海軍省は、改革派の官僚を集めて、改革の牽引車となった。大学教授、知識人と官僚の垣根をこえて、改革を求める動きが広がっていた。農奴の解放と女性の解放が、ならべて論じられていた。国外では、亡命者のゲルツェンとオガリョーフが、国内からの情報、寄稿を集めて出版し、改革を呼びかけた。その論集『北極星』に、ゲルツェンは一八五六年の改革綱領を、「グラスノスチ（検閲の廃止）」と農民解放（農奴制の廃止）だと定式化した。

セヴァストーポリ陥落　撤退するロシア軍。フィレンツェの画集(1856年）より。

一八五七年は、皇帝政府が進める大改革の最初の具体的動きが示された年である。一月には農民問題秘密委員会が設置され、農奴解放への準備が再開された。この月には、また鉄道建設にかんする勅令もだされ、民間のイニシアティヴによる鉄道の建設、国家の保護、最初の巨大会社の認可が明らかにされた。当時、全長わずか九九四キロの鉄道を、一挙に四〇〇〇キロに伸ばす計画が打ち出された。鉄道建設には、資材の輸入が不可欠であった。そのために、五月に新関税が制定され、古い特権的なウラルの製鉄業を保護していた高率関税が引き下げられた。七月には、官営の信用機関の預金利子が引き下げられた。これは、株式や社債の購入に資金が振り向けられるようにするための改革であった。のちに官営信用機関を廃止し、あらたに国立銀行を設立するにいたる端緒である。十一月には、西部三県の総督にあてた勅書で、土地なしの解放、共同体の存続という農奴解放の第一次案が公表されるとともに、改革案を審議するための県貴族委員会の設置が公認された。貴族を改革に巻き込む狙いである。農奴解放と鉄道建設——これがさしあたり改革の第一目標であった。

一八五六年から年ごとに、一一点、一六点とふえてきた新聞雑誌の創刊点数は、五八年には五九点にはねあがり、空前のブームとなった。西欧の新しい思潮が流れ込むとともに、女性の解放ではもっとも急進的なロシア独自の議論もおこなわれた。活気が社会にみなぎるなかで、皇帝は精力的に巡幸をおこない、県委員会で農奴解放に消極的な意見をだしている貴族たちを説得した。この年は、農民の不服従の事例がふえた。年末、皇帝の信任するロストフツェフはそれまでの消極的な立場を転換し、共同体を存続させる有償土地つき解放の原則を打ち出し、これが以後の中央と各県での検討の基礎とされた。シャミーリが降伏してカフカース征服戦争が終わった一八五九年には、法典編纂委員会が設置され、ロストフツェフが議長に任命された。各県の貴族代表の意見、編纂委員会でのまとめ、その後の法制化のための検討の過程は、貴族領主の要求を取り入れていく過程であった。内務次官ニコライ・ミリューチンら改革派官僚は押されながら、改革の筋を守ろうと抵抗した。

一八六一年三月、農奴解放令は皇帝の裁可をえた。農奴は従来の領主と「約定証文」を取り交わして、人格的に解放された一時的義務負担農民となる。つぎの段階は分与地の買取りであり、義務の年額を六％で資本還元した額が決定され、農民がその二〇％を現金で、残りを国家が五％利付き公債で領主に与え、農民は四九カ年年賦で国家に返済すると定められた。農民は共同体を基礎とする身分自治団体、村団に組織され、分与地は村団に与えられ、買取り金の返済にたいして村団が連帯保証することになった。農民は解放されたが、個人としての解放ではなかった。

農奴解放は領主、農民、知識人の各層にさまざまな反発を呼び、農民の公然たる不服従の試みもあったが、とくに注目されたのは、ペテルブルク帝国大学の学生運動とポーランドでの衝突であった。一八五五年に、日本との通好条約を締結して、ウルップ島とエトロフ島のあいだでクリル諸島を分割することを決めて帰り、伯爵位を与えられたプチャーチンが文部大臣として抑圧的な政策をとったことに学生が反発した。デモと逮捕で帝国大学は長く閉鎖されてしまう。一八六二年には、チェルヌイシェフスキーが逮捕され、彼の雑誌『現代人』は廃刊処分を受けた。他方で、ポーランドの民族主義はロシアの変化で一層元気づき、衝突を繰り返した末に、一八六三年には一大反乱が爆発した。ワルシャワの中央国民委員会は、農奴解放と国民政府樹立を宣言したが、反乱は解放区をつくりだすことはできず、圧倒的な鎮圧軍にたいするゲリラ戦として、一年以上続いた。鎮圧軍の司令官はデカブリスト運動の周辺にいたミハイル・ムラヴィヨフであったが、その峻烈な鎮圧策のゆえに「絞首人」の名がつけられた。政府は改革派官僚をポーランドに送り込んで、農奴解放を実施し、反乱から農民を切り離した。反乱の敗北で、ポーランド王国は名前だけになり、完全に併合されたに等しかった。

このような情勢のなかでも、改革は進行した。一八六三年には、教授会の自治を認めた大学令が制定された。一八六四年には、ゼムストヴォと呼ばれる地方自治機関が設置された。県と郡のレヴェルで、財産資格に基づく選挙ではあるが、貴族、その他、農民と三つのクーリアに分れて議員を選挙し、県会、郡会を構成し、そこから県と郡の参事会を選んだ。ゼムストヴォは、道路整備、医療、教育などを管掌した。またこの年には、陪審裁判を取り入れた一般裁判所と治安判事の二本立てからなる、近代的な司法制度がスタートした。裁判官の身分保証も弁護士の活動も始まった。さらにこの年は、初等学校、中学校の改革も実施された。一八六五年には、検閲制度の改革もおこなわれた。このほかには、軍制改革が始まった。ドミトリー・ミリューチン陸相のもとで、系統的な努力がなされたが、保守派の反対もあり、一八六四年の軍管区制の導入、それに士官養成面の改革が先行された。

文化的にはトゥルゲーネフ、ドストエフスキー、トルストイ、オストロフスキーらの作家、劇作家が登場し、多くの傑作が書かれた。そのなかで、評論家チェルヌイシェフスキーの小説『なにをなすべきか』が特別評判となった。女主人公ヴェーラ・パヴロヴナは、解放された女の典型として、インテリ青年の心をとらえたのである。真の男女平等を実現するためには、これまで特権をえていた男が女により大きな自由を与えねばならない。まがった天秤棒をまっすぐにするには、逆にまげなければならないというチェルヌイシェフスキー理論が広まった。

この一連の改革は「大改革」と総称される。皇帝権力は農奴制度を廃止し、工業化を進め、一連の近代的社会制度を導入した。これまた「上からの革命」といっていい、巨大な改革であった。だが、専制権力は専制権力自体の改革、政治改革には着手しなかった。むしろ、保守的な貴族が改革にブレーキをかけるために立憲制を求める動きを起こすなかで、改革派官僚は専制権力こそ改革の保証だと考えたのである。

敗戦の屈辱から始まった大改革だが、対外的勝利で鬱屈《うっくつ》を晴らそうという国粋派の軍人は暴走する。中央アジアでは、オレンブルク総督の参謀長チェルニャーエフが、一八六四年から独断でコーカンド・ハン国に攻め込み、タシケントまでを占領した。これが中央政府により追認され、さらなる侵略のページが開かれた。タシケントには一八六七年、トゥルケスタン総督府が開かれ、六八年にはブハラ・ハン国が軍事的圧力のもとに保護国化されるにいたった（ヒヴァ・ハン国は、七三年に同じ運命をたどる）。イスラム世界への侵略は、文明化とキリスト教の名においておこなわれた。

一八六六年四月四日、元カザン帝国大学生カラコーゾフは、夏の庭園での散歩の日課をすませた皇帝アレクサンドル二世をピストルで撃った。気づいた通行人が彼の腕をおさえたため、銃弾はそれた。皇帝は取りおさえられた犯人に、「ポーランド人か」とたずねた。皇帝の命を救った通行人は貴族に取り立てられ、犯人カラコーゾフは絞首刑に処せられた。農奴を解放した皇帝の生命をねらうテロの最初の試みであった。これは、大改革時代の終わりを示す事件である。

経済成長と批判者

もっとも大改革の経済効果は、ようやく一八六〇年代の末からあらわれた。企業設立ブームが起こり、政府の保護のもとに鉄道建設が進んだ。一八六五年に三五〇〇キロに達した鉄道の総延長は、七四年には一万八二〇〇キロに飛躍した。フォン・デルヴィズ、マモントフ、ポリャコーフらの鉄道王があらわれた。レールの政府発注を受けて始まった海軍技師プチーロフの工場は、ロシアの重工業の代表工場となった。同じように、政府発注が多い機関車製造の面で、いくつかの大工場が生まれた。

トルストイ

Lev Nikolaevich Tolstoi
(1828～1910)

トルストイは伯爵家の子として、領地ヤースナヤ・ポリャーナに生まれた。モスクワから南にさがったトゥーラ県にあるこの美しい領地は、今も保存され、おとずれる人に公開されている。

カザン帝国大学を卒業したトルストイは、カフカースで軍務に就き、カフカース戦争に参加した。その経験から書かれたのが、『カフカースの捕虜』である。そこでは、ロシア帝国に挑戦するチェチェン人が人間として描かれている。ついで、彼はクリミア戦争に従軍し、セヴァストーポリ要塞の籠城戦に参加した。こんどは、黙々と戦って死んでいく農奴出身の兵士の姿を描いた『セヴァストーポリ』を書いた。

農奴解放令が布告されると、彼は農村での解放令の実施に参加し、ヤースナヤ・ポリャーナで農民のための学校の開設につくした。そしてまさに大改革のただなかで、彼は長編歴史小説『戦争と平和』を書き始めたのである。作品は、一八六五〜六六年に雑誌に発表されたうえで、単行本になった。

続く作品は『アンナ・カレーニナ』で、これは一八七五年から七七年にかけて雑誌に発表され、単行本となった。この作品には、南スラヴの反トルコ闘争に義勇兵が送られることが書かれており、ヒロインであるアンナが鉄道への飛込み自殺をするところで、話が終わっている。その結末は、トルストイの鉄道にたいする反感をあらわしている。

一八八一年に、皇帝アレクサンドル二世が「人民の意志」党執行委員会に殺害されると、トルストイは新帝アレクサンドル三世に手紙を送り、革命党の行動を非難したうえで、「悪にむくいるに善をもってせよ」と呼びかけた。彼の、悪にたいして暴力によって抵抗してはならないという主張は、無抵抗主義と呼ばれ、現状肯定の立場と考えられたが、本来は非暴力抵抗の思想であった。

一八八二年、モスクワ市民勢調査に参加したトルストイは、都市貧民の生活にふれ、『されどわれらなにをなすべきか』を書き、自分の富者としての生活を否定することを宣言した。一八九一年の飢饉に際しては、トゥーラ、リャザンで飢民救済活動に参加したが、秋の終わりには、『飢饉を報ずるの書』を書き、「人民が飢饉になやまされているのは、われわれがあまりに満腹しすぎているからだ」とし、主人と奴隷の関係の解消を主張した。

一八九九年には、兵役を拒否するドゥホボール信徒の国外移住資金をつくるために、長編小説『復活』を書いた。二十世紀にはいると、平和思想を主張し、カフカース戦争の英雄の一人を描いた『ハジ＝ムラート』を最後に発表した。一九一〇年、家出して、巡礼の途中で死んだ。彼の遺体は、ヤースナヤ・ポリャーナの林のなかに埋葬された。墓標のない盛り土の上に、今も花がおかれている。

外国人企業家も進出した。南ロシアのイギリス人ヒューズの製鉄所とバクーのスウェーデン人ノーベル兄弟の石油会社は、代表的な事例である。これにたいして、綿工業では農奴からたたきあげたモスクワ商人モロゾフ家の兄弟の工場を代表として、国内のブルジョワジーが形成されていた。

皇帝は、一八六〇年代の末から若い愛人エカチェリーナ・ドルゴルーカヤとの愛に溺れるようになり、政治にどれほど身をいれていたかは定かでない。しかし、取り残されていた改革は、一八七〇年代に実現された。まず、一八七〇年には、市長と市会という都市の自治組織がつくられた。これもゼムストヴォ同様、全身分を包摂する選挙で議員が選ばれるものであった。一八七四年には兵役令がだされ、軍制改革が実現した。身分の別なく、臣民は等しく兵役の義務をおい、陸軍なら現役六年、予備役九年と定められた。

だが、一八七〇年代には解放された知識人の一部に反体制的な気分があらわれた。資本主義化の波のなかで不安にかられるところから、共同体を基礎にして、資本主義をとびこえて一挙に社会主義へ進むことをめざす、革命的ナロードニキ運動が出現した。きっかけは、一八六八年の首都の学生運動である。学生の自治を勝ちとろうという権利獲得派と、民衆の犠牲のうえで大学で学んでいること自体が犯罪的だとする自己否定派が争った。後者の理論的中心人物は、ネチャーエフであった。この学生運動に参加しながら、ネチャーエフのマキャヴェリズムに反発して自己形成の道を求めた学生たちのサークルのなかから、ナロードニキ運動が生まれた。

このころは、スイスのチューリヒ大学へ留学する女子学生が多数にのぼり、彼女らはラヴロフの思想の影響を受けた。「批判的に思惟する個人」たる知識人が民衆に未払いの債務を支払うべきだと呼びかけたラヴロフの『歴史書簡』は、国内でも学生たちのバイブルとなった。一八七四年夏、多数の学生たちは職人や労働者に身をやつして、農村に革命工作にはいっていった。「民衆のなかへ（ヴ・ナロード）」の運動である。だが、農民は学生たちを拒否し、運動は挫折する。そのなかでえられた認識から、最初の革命結社「土地と自由」が生まれた。抽象的な社会主義理論から農民の願望、土地と自由へ顔を向け、民衆に姿を変えて渡り鳥方式で宣伝してまわるのではなく、郷書記や補助医のような半インテリとして農村に住みつき、定住地（セツルメント）をつくる方式をとった。この新しい農民工作は、一定の成功をおさめた。しかし、当局の圧迫は厳しく、農村の定住地はつぎつぎにつぶされていった。

アレクサンドルは、対外政策の面でも一八六六年以降は消極的になったといえる。一八六七年には、ロシア領アラスカをアメリカに七二〇万ドルで売ってしまった。一八七五年には、日本と条約を結び、サハリン全土をロシア領と認めさせるかわりに、ウルップ以北のクリル諸島を日本にゆずることにした。これによってクリル諸島（千島列島）はすべて日本の領土となったので、オホーツク海から太平洋にでるロシアの海軍艦船は、日本の握る島のあいだをぬけなければならなくなった。このことで国内には批判がでた。

しかし、バルカン問題となれば、ロシア帝国は消極的な政策にとどまることはできなかった。一八七五年に、トルコの支配下にあったボスニア＝ヘルツェゴヴィナで反乱が起こった。同じ正教徒である南スラヴの兄弟を救えというキャンペーンが、ロシア国内に高まった。義勇兵を送る運動が始まった。一八七六年にはブルガリアで反乱が起こり、トルコ軍による虐殺の報がヨーロッパを驚かせた。汎スラヴ主義の旗頭になっていたチェルニャーエフ将軍は、セルビア入りして最高司令官に就任した。ついにロシアは一八七七年四月、露土戦争を開始した。トルコ軍も頑強に戦い、ロシア軍は苦戦を続けたが、戦争はロシアの勝利に終わった。国民皆兵の徴兵制を導入して生まれ変わったロシア軍の勝利である。一八七八年三月のサン＝ステファノ条約でセルビア、モンテネグロ、ルーマニアの独立が

アレクサンドル二世

Aleksandr II Nikolaevich
(1818〜81)

西欧風の都市ペテルブルクの中心部に、アジア的、モスクワ的な「血の上の救い主」教会がある。皇帝アレクサンドル二世は一八八一年三月一日、独裁的権限を与えた将軍ロリス＝メリコフの政治改革案の発表文案を決めたあとで、外出して、革命党のテロで暗殺された。その現場の上に建てられたのが、この聖堂である。堂のまわりには大きな石版がはめこまれ、そのひとつひとつに「解放皇帝」の事績が彫り込まれている。

ニコライ一世の長男として生まれたこの人は、父とは異なり、弱い性格の持ち主であったが、クリミア戦争のさなかに、死んだ父にかわって、三十七歳で即位し、敗戦処理をおこなったうえ、大改革をスタートさせた。

彼には有利な条件があった。アレクサンドル二世には、頭をおさえつける叔父も年上の従兄弟もなかったのである。ただ一人の年長の皇族は、父

の弟の妻、つまり叔母エレーナ・パヴロヴナ大公女であったが、彼女は評判の開明派であった。弟の海軍総裁コンスタンチンは、「赤い大公」と呼ばれた開明派であった。だから、即位したアレクサンドルが改革の方向に舵を切るのに反対する勢力が、皇族のなかにはいなかったのである。

　彼は、父の時代から仕える皇帝に忠実な重臣官僚と、あらたに登場してきた開明的な改革派官僚とを組み合わせて、改革を進めさせた。農奴解放への貴族の反発を、このような中央政府のなかの二つの流れの結合によって乗り切ったとみることができる。重臣官僚の代表的な人物は、ロストフツェフである。彼はデカブリスト反乱の際、当局に通報し、その後皇帝に忠実に仕えてきた。そういうやり方で、アレクサンドルは「解放皇帝」と呼ばれるにいたる大改革を成し遂げた。

　アレクサンドルは、ヘッセン・ダルムシュタット大公の娘マリヤにほれこんで、結婚した。后は頭のいい人で、第二のエカチェリーナ女帝だなどと無責任な評判が生まれ、政治に強い関心をみせたため、アレクサンドルは反発し、不仲になった。

　一八六六年四月四日、アレクサンドルは夏の公園で散歩中、はじめて狙撃された。精神的に消耗した皇帝は、若い侯爵令嬢エカチェリーナ・ドルゴルーカヤを事件の二カ月後に愛人にした。五年後彼女は妊娠し、冬宮で男の子を生んだ。皇后マリヤはひたすらたえしのんだ。一八七八年、エカチェリーナは子供たちとともに冬宮へ移り住むにいたり、八〇年に皇后が死ぬと、皇帝は秘密裡にエカチェリーナと結婚した。

　ロリス＝メリコフの改革案は、久しく政治に消極的であった皇帝が、最後に一歩踏み出したものであった。しかし、三月一日、皇帝は爆弾を投げつけられて死んだ。瀕死の皇帝が運河の欄干にもたれていった最後のことばは、「寒い、寒い。宮殿へ運んでくれ、そこで死ぬ」であった。

認められ、ブルガリアは自治公国となった。ロシアはベッサラビアを取り戻し、ザカフカース方面で領土を拡大した。しかし、六月のベルリン会議で、イギリスとオーストリア＝ハンガリーの圧力の結果、ブルガリアは分断され、南ブルガリアはトルコ領の自治地域とされた。オーストリア＝ハンガリーは、ボスニア＝ヘルツェゴヴィナに勢力を拡大した。ロシアの国内世論はこの外交上の敗北に憤激し、緊張が高まった。

この状況のなかで、獄中での政治囚が鞭《むち》打ちの罰を受けたことに憤激した女子学生ヴェラ・ザスーリチが、首都長官を狙撃する事件が起こった。この事件をめぐる裁判で、陪審員は被告無罪の判決をだし、大きな波紋を呼んだ。以後テロが頻発し、革命家のなかに専制権力との直接対決という志向が生まれた。ついに一八七九年四月、農村をとびだしてきた元教師が、冬宮前広場で散歩中の皇帝アレクサンドルを狙撃するにいたる。このときは、革命家の内部にも異論があったが、夏には「土地と自由」結社は分裂し、プレハーノフら少数のテロ反対派は「土地総割替」派をつくり、多数派は「人民の意志」党執行委員会を結成した。この組織の考えは、資本主義の発展の結果、共同体が崩壊しつつあるので、共同体を基礎に社会主義へ向かう可能性が失われようとしている、だから資本主義を生み出す原動力である専制権力を打倒して、道を転轍《てんてつ》しなければならないというものだった。「今か、それでなければ、永久にだめだ」という積極的悲観主義が唱えられた。そこから、皇帝暗殺が中心的な闘争手段とされたのである。

「人民の意志」党はダイナマイトを使って、お召し列車の爆破から皇帝の居城、冬宮の爆破にまで進み、テロによって政治的危機をつくりだした。皇帝政府は、露土戦争の英雄ロリス＝メリコフ伯爵に事実上の全権を委ねて、事態の打開をはかろうとした。ロリス＝メリコフはゼムストヴォからの選出代表の参加をえて懸案の法案作成を進める改革を提案し、皇帝の承認をえた。その改革の発表文案にも承認がえられた一八八一年三月一日、ついに首都の路上でアレクサンドル二世は「人民の意志」党員に爆弾を投げつけられて死んだ。

皇帝の死は、政治危機のなかでロリス＝メリコフが進めてきた改革路線を終わらせることになったが、それよりも皇帝に土地の割替を期待していた農民を恐怖させた。農民は、農奴制復活をたくらむ貴族が皇帝を殺したと考えた。恐怖の頂点で、四月に南ロシアでユダヤ人ポグロム（襲撃）が起こった。革命運動の危機と悲劇は、革命家たちがこのポグロムに民衆運動をみいだして、それを支持したことにある。

アレクサンドル三世のロシア

新帝アレクサンドル三世は、もと家庭教師の宗務院総監ポベドノスツェフの助言により、父帝が同意していた改革案を退け、専制護持の詔書を発した。これに抗議したロリス＝メリコフら改革派大臣は辞任した。こうして統治をスタートさせたアレクサンドル三世は、革命運動の火元とみられたユダヤ人、総合雑誌、帝国大学にたいして、厳しい弾圧策をとった。ユダヤ人にたいしては、農村移住、不動産取得を禁じる臨時条例が、一八八二年にだされた。雑誌の停刊・廃刊処分は、内相ら四大臣の協議できるようになり、知識層の指導的な雑誌『祖国雑記』などが廃刊に追い込まれた。帝国大学については、大学の自治、教授会の自治を廃止する新大学令が、一八八四年にだされた。他方で、アレクサンドル三世は「愛民政策」を推進した。これは、大改革のなかで発生したさまざまな不満や矛盾にたいして、個別的な対症策を講じるものだった。地主貴族には、地主所領を担保とする不動産抵当信用が再開された。農民には、農奴解放による移行措置を繰り上げ完了させ、人頭税の廃止、買戻金の軽減が与えられた。労働者には、婦人・児童労働の保護、工場監督官制度の導入が実現され、二週間の解雇予告期間を定めた雇用規制法が制定された。企業家にも、念願の関税引上げが与えられた。

この政治は、体制のある種の安定に貢献した。しかし、ユダヤ人は抑圧策に絶望して大量に出国し、アメリカへの移住をめざした。ロシアに残った者のなかからは、革命運動に参加する者が輩出した。体制の引締めは続き、一八八九年、九〇年には、大改革期に生まれた司法制度と地方制度を権力的統制の強化の方向で修正する、いわゆる「反改革」がおこなわれた。治安判事制は廃止され、貴族地主から選ばれるゼムスキー・ナチャーリニク（地方監督官）が、農民自治機関の監督とともに、治安判事が担当していた民事・刑事裁判を担当するようになった。

アレクサンドル三世が統治した一八八〇年代は、「貴族反動」の時代だといわれたが、安定した帝権のもとで、近代ロシアの機構が本格的に働き出した時期であったということができる。資本主義的な工業がかたちをととのえた結果、ロシアはこの時期に、自国の鉄道に国内で生産した機関車とレールを必要な量供給できるようになった。ノーベル兄弟の石油企業は発展し、ロシアはランプに使う灯油も自給することができるようになった。工業での資本主義とならんで、農業では農民が借りた土地・金の代償として、地主の土地を自分の馬と農具で耕す制度、雇役制が中心部の農村に定着した。農村のこの構造は、工業に安価な労働力を保証した。資本主義工業は発展しても、農村の古い構造、共同体は壊れずに残っていくのである。

19世紀中ごろの赤の広場（ジュール・アルヌ作，石版画）

この時代に、国外へ亡命したナロードニキのなかから、プレハーノフなど、マルクス主義を受け入れる者があらわれた。一八八五年の著作『われわれの意見の不一致』のなかで、プレハーノフは「歴史の流れにそって泳ぐ」ことを呼びかけた。資本主義の発展とともに、労働者階級が形成されるところに、社会主義の実現の希望があるとしたのである。他方、「人民の意志」党の理論家で、フランスに亡命していたチホミーロフは、専制権力とテロで対決した同党の運動の行きづまりのなかで、君主主義に転向した。彼が書いた『私はなぜ革命家たることをやめたか』というパンフレットは、一八八八年に出版された。それには、ツァーリ権力は「ロシア史の結果」「国民の歴史的意志」である、あらゆる国に「強力な政府」が必要だが、国民的課題が未達成で、国内要求も満たされていないロシアにはなおさら必要であると記されていた。アレクサンドル三世に嘆願書を書いて許された彼は帰国し、政府系新聞『モスクワ報知』の寄稿者となった。

革命運動は崩壊したが、この時代が暗い時代であったというわけではない。自分の職業を通じて国民に奉仕しようと考えた人々はいた。「法の枠をこえずに、しかも当局の許可をうる慈善事業を続けながら、自己の職務を忠実に履行せよ」「誠実に治療せよ、橋梁を建設するなら、手をぬくな」——それが一八八〇年代人のモットーだといわれる。作家チェーホフもその一人であった。彼はモスクワ帝国大学医学部を卒業して、作家としてデビューしたが、一八九一年にはサハリン島の囚人たちを視察にいき、戻ってからゼムストヴォ病院の医師として働いた。そして彼は、ロシア社会のなかに生きる人々の姿を描きつづけた。作曲家チャイコフスキーの音楽も、「眠れる森の美女」(一八八八年)、「スペードの女王」(九〇年)、「交響曲第六番」(九三年)と、最後の光を放った。

アレクサンドル三世は、ベルリン会議後のドイツへの反発をおさえて、ドイツ、オーストリア＝ハンガリーとの三帝同盟を復活させた。ところが、ロシアの庇護下にはいったブルガリアの流動的な情勢は、皇帝の望んだ安定を壊していった。ブルガリアから切り離された東ルーメリアで、ブルガリアとの統一を求める革命が起こった。ブルガリアのナショナリズムは反ロシアの指向性をもち、対立の結果、ロシアは一八八六年十一月についにブルガリアと断交した。その直後、ブルガリアはオーストリアから侯を招くにいたった。ロシアはオーストリア批判を深めた。一八八七年、ビスマルクの努力で再保障条約が結ばれたが、九〇年にはもはや更新されなかった。ロシアは、ドイツからフランスに同盟先をかえようとしていたのである。

バルカン半島以外では、ロシア外交の主たる関心はイギリスとの対抗であった。そして極東では、朝鮮で日本との関係が微妙になり始めていた。ロシアは、一八八四年に朝鮮王国と条約を結び、国交を樹立したが、日本の積極的な進出の圧力を受ける朝鮮王はロシアへの接近を策し、保護を要請してきた。しかし、ロシアは日本の動きを考えて、当面慎重に行動せざるをえなかった。

ウィッテとニコライ二世

一八九一年は、ロシアにとって転機となる年である。世界一周旅行にでた皇太子ニコライが、最後の目的地の日本に足を踏み入れて二週間後、大津で日本人巡査に切りつけられるという事件が起こった。ニコライは以後の予定をキャンセルして、帰国の途につき、ヴラジヴォストークでシベリア鉄道の起工式に臨んだ。ロシアからすれば、これはイギリスとの世界規模での対抗上、重要な一石であった。さらにこの年、ロシアは高率の保護関税を定める。これは、ドイツの産業からロシアの産業を守るためのものである。そしてロシアとフランスは、第三国からの攻撃に際して、共同で対抗策をとるとの合意に達した。露仏同盟の成立である。だが、ロシアは大国とはいえ、みかけほど強力ではないということが、夏から秋にかけて明らかになった飢饉によって示された。ヴォルガ川流域を中心に、四〇万人程の死者がでたと推定されている。

この状況のなかで選びとられたのが、新蔵相ウィッテの工業化政策である。オランダ人の技術者とロシア名門貴族の娘とのあいだに生まれたウィッテは、新ロシア帝大を卒業して民間鉄道にはいり、経営者として頭角をあらわした。その後、大蔵省鉄道事業局長に迎えられ、一八九二年にまず交通相、ついで蔵相に任命された。彼は合理主義的ナショナリストで、ドイツの経済学者リス

ウィッテ

トの弟子として、自国の工業をもたない国は先進国に従属するという考えから、外国資本の導入に基づく工業化を進めた。フランスから資金をいれ、ドイツから機械を買い入れ、アジアに向かって巨大なシベリア鉄道を敷設するのをてこに、工業発展が促進された。南ロシアに外資系の鉄鋼業、石炭業が発展した。ロシアの鉄鋼業は、一九〇〇年には世界第四位となった。石油産業の伸びも顕著であった。一九〇〇年には、世界の産油量の半分をロシアが占めていた。重工業の発展にともない、軽工業の発展も急速であった。一九〇〇年の鉱工業の労働者数は、二二七万人に達した。

一八九〇年代には、ナロードニキとマルクス主義者の論争が続いた。ミハイロフスキー、ダニエリソーンらのナロードニキ系の大家に、ストルーヴェ、レーニンらの青年マルクス主義者たちが鋭く迫った。レーニンは、シベリア流刑中に『ロシアにおける資本主義の発達』という大著を書き上げたが、すでに現実の工業発展がマルクス主義者の側に軍配をあげていた。一八九六年には、首都の綿業労働者が労働時間を一〇時間半に短縮することを求めてゼネストをおこない、翌年、一一時間半の労働時

間法を勝ちとっている。

さて、アレクサンドル三世が一八九四年に四十九歳で死んだとき、皇太子ニコライはまだ二十六歳で、結婚もしていなかった。新帝ニコライ二世は、即位と父帝の葬儀のあとで、婚約者であるドイツのヘッセン・ダルムシュタット大公の娘で、ヴィクトリア女王の孫娘にあたるアリックスと結婚したのである。改宗して皇后アレクサンドラ・フョードロヴナとなったこの女性は、強い性格の持ち主で、夫を支配するタイプであった。

ニコライ二世の治世は、最初から平安なものではなかった。彼は、ゼムストヴォ代表の国政参加に道を開く改革の期待を新帝にかける世論に直面し、「馬鹿げた夢想」だと公開の席で宣言しなければならなかった。一八九六年五月の戴冠式祝賀行事の際には、モスクワのホドゥインカ原での祝賀集会に集まった人々が押されて倒れ、一三八九人もの死者が出た。もとよりこれは皇帝の責任ではない。しかし、その夜なにごともなかったように祝賀舞踏会がおこなわれたことは批判をあびた。

当初は、若い皇帝はウィッテら有力大臣の助言に従っていた。しかし、世紀末の複雑な

ニコライ２世と皇后アレクサンドラ

東アジア情勢のなかで、ロシアの進路をめぐって大臣たちの意見が分れると、いわばもっとも冒険的な意見に耳を傾けるようになった。

日清戦争で勝利した日本にたいして、ロシアはドイツ、フランスとともに圧力をかけて遼東半島を返させた。この三国干渉を主導したウィッテは、一八九六年四月、清国から満州を横断する鉄道のための用地を、治外法権の地として獲得することに成功した。ウィッテの路線は経済的な、したがって、平和的な進出をめざすものだといっても、各国を強く刺激したことは間違いない。新任の外相ムラヴィヨフは一八九七年、ドイツが清国に租借地を要求すると、旅順を占領することを提案した。ウィッテは反対したが、皇帝はそれを無視して、外相意見を採用するのである。

文学的には、世紀末には、リアリズムからシンボリズムへの移行の傾向がみられた。しかし、演劇の世界では、モスクワの商人層のなかからスタニスラフスキーがあらわれて、一八九八年にモスクワ芸術座を設立した。チェーホフの戯曲『かもめ』（一八九六年）はここの舞台で成功し、かもめはこの劇場のマークとなった。

世紀初めの混沌

二十世紀を前にして、一九〇〇年、高成長がストップすると、近代ロシア社会の矛盾が噴出した。一八九九年にも全国的なストをおこなっていた大学生たちは、政府が除籍学生の徴兵という懲罰規則を定め、一九〇〇年にこれを適用し、キエフ帝国大学一八三人の懲罰徴兵を決定するにおよんで、爆発した。二月、文部大臣ボゴレーポフは学生にピストルで撃たれて死んだ。政治党派は運動に立ち遅れ、一九〇一年から組織的な動きを始めた。まず、プレハーノフ、レーニン、マルトフら、マルクス主義者が年初めから、新聞『イスクラ』を刊行し始めた。三月には首都のネフスキー大通りで、文相狙撃犯の裁判に抗議する学生文化人のデモがあり、カザークが出動して蹴散らし、四人が殺された。年末、ナロードニキ系のエスエル党（社会主義者＝革命家党）は結党した。テロリズムを認め、農民社会主義を追求するのがこの党の個性となる。しかし、その幹部になったアゼフは保安部のエイジェントであった。

ネフスキー大通り

学生に続いて立ち上がったのは、自治権侵害に抗議するフィンランド人である。ボブリコフ総督の新兵役法の撤回を求める請願書が一九〇一年に提出されたが、これにはフィンランド総人口の五分の一、四七万人が署名していた。一九〇二年になると、南ロシアのハリコフ、ポルタヴァ両県の農民が、四〇年間続いた沈黙を破って地主所領を攻撃した。皇帝が土地を与えてくださるという噂が、またもやよみがえっていた。一九〇二年四月には、内相シピャーギンが暗殺された。翌日、エスエル党戦闘団の犯行声明が発表された。政治的テロである。一九〇三年四月には、ベッサラビアのキシニョフでユダヤ人襲撃（ポグロム）が起こる。世論は事件の背後に当局者の影を見た。この激動の最後に、労働者の大規模な運動がきた。一九〇三年夏、バクーから始まったストライキの波は、南ロシアの各都市を覆ったのである。

政党の結党はさらに進んだ。一九〇三年には、マルクス主義に立つロシア社会民主党の実質的結党大会が開かれた。第二回大会と呼ばれるこの大会は、ただちにレーニンのボリシェヴィキ（多数派）とマルトフのメンシェヴィキ（少数派）への分裂の場となった。この年はまた、機関誌『解放』による自由主義者の秘密結社「解放同盟」も設立された。

専制の側では、このような危機にめざましい対応がとれなかった。わずかに、モスクワ保安部長ズバートフが考えた警察公認の君民一致労働者団体の組織が各地で試みられた。しかし、そのひとつ、ユダヤ人独立労働党は、一九〇三年の南ロシアのストの波の拡大に貢献してしまい、ズバートフも失脚するにいたった。

皇帝ニコライ二世のところでは、娘ばかりが四人続けて生まれていた。男子のみが帝位を継承できるのだから、皇后が皇太子をえたいとして、必死になったのも当然である。皇后は、オカルトや聖者信仰にはしった。一九〇〇年からロシアにきたフランスのオカルト家フィリップは、宮廷では「われらの友」と呼ばれていた。ようやく一九〇四年、五人目の子として男子アレクセイが生まれたが、皇太子はヴィクトリア女王以来の血友病の因子をもっており、不幸の子となった。

一九〇四年一月、モスクワ芸術座はチェーホフの戯曲『桜の園』を上演した。貴族の所有地が元農奴の商人に買い取られ、貴族の娘は去りながらつぶやく。「さようなら、私の家。さようなら、古い生活。」

日露戦争

この間ロシアは義和団事件で満州へ出兵し、占領した。一九〇三年九月までに撤兵するという条約を清国と結んだが、約束を履行しなかった。日本は朝鮮を保護国にすることを認めるようにロシアに要求したが、ロシアは満州に居座る一方で、朝鮮を日本が支配するのを認める協定は結べないという態度をとった。ベゾブラーゾフ派は日本との戦争を回避するには、弱腰にならず、極東の兵力を増強すべきだと主張して、皇帝の信頼をえた。極東太守制がとられ、アレクセーエフが任命された。日本に妥協すれば、戦争にならないと考えたウィッテは一九〇三年八月蔵相から解任されてしまう。

ロシアは日本が朝鮮を占領すると思っていた。ニコライ二世が「戦争は無条件で不可能である。時がわれわれの味方だ」と述べた翌月の一九〇四年二月、日本は国交を断絶し、開戦へ進んだ。ロシアは日本の行動を待っていたが、宣戦布告前に旅順と朝鮮の仁川で日本海軍に攻撃され、たちまち太平洋艦隊の半分の艦船を失った。そもそも国内の危機的状態を考えれば、遠い極東の戦場に大兵力を送ることは致命的であった。それでもクロパトキン陸相が総司令官となって、大軍が極東へ向かった。

戦争は極度に不人気であった。反政府派は戦争反対にまわった。社会主義者は日本の社会主義者との連帯、共同の利益を強調した。社会民主党の新聞『イスクラ』は、当時メンシェヴィキに握られており、五月には「日本社会主義者の手紙」を載せ、それにたいして「熱烈な挨拶」をそえた。七月、首都の路上で人々の怨嗟《えんさ》のまとであった内相プレーヴェが、エスエル党戦闘団によって爆殺された。このテロが広く支持されたということは、日露戦争を戦う専制政府にとって由々しい事態であった。八月の社会主義インターナショナル・アムステルダム大会では、プレハーノフと片山潜は壇上で握手し、満堂の喝采をあびた。

満州の戦場では、このときようやく最初の本格的な会戦である遼陽の会戦（一九〇四年八〜九月）がおこなわれた。クロパトキンは二二万人の兵で一三万人の日本軍と戦ったが、作戦の失敗から、敗北した。続く沙河の会戦（同九月）は引分けであったが、つくりだされた印象は最悪であった。プレーヴェの後任の内相にはスヴャトポルク＝ミルスキー公爵が就任し、柔軟な路線に転換した。「自由主義者の春」と呼ばれる時期が到来した。しかし、革命派は九月にはパリで反政府党・革命党会議を開き、専制打倒、民族自決権の尊重をめざす方針を採択した。十月、太平洋艦隊を支援するため、ロシア海軍の精鋭、バルト海艦隊が地球一周の航海に出発した。ロジェストヴェンスキー提督が率いる戦艦七隻、巡洋艦六隻、駆逐艦六隻の大艦隊である。十一月から十二月にかけて、解放同盟は、司法制度改革四〇周年記念、デカブリスト記念など、さまざまな機会をとらえ、六〇〇人、七〇〇人も集まる大宴会を首都で開き、戦争の中止と憲法を求める決議を採択して、政府に圧力を加えた。そして、ロジェストヴェンスキーの大艦隊がようやくマダガスカル島に到着したとき、一九〇五年元旦（新暦）、乃木将軍の率いる日本軍に包囲され、執拗な攻撃を受けた旅順の要塞はついに陥落した。

革命党のなかにはすでに、日露戦争でロシアが敗北することが専制権力の権威を失墜させ、革命を招きいれるという、敗戦主義の考えが広まっていた。旅順の陥落に際して、レーニンは「進歩的な、進んだアジアは、遅れた反動的なヨーロッパに、取返しのつかない打撃を与えた」とし、ロシアのプロレタリアートは、「専制を壊滅させた日本のブルジョワジーがはたしているこの革命的な役割」を直視すると書いたのである。

血の日曜日から十月詔書へ

一九〇五年一月九日、司祭ガポンに率いられた労働者とその家族数十万人は、皇帝の宮殿、冬宮めざして行進を開始した。ガポンの労働者組織は、ズバートフ路線で庇護される警察公認団体であった。しかし、ガポンはこの組織で皇帝に訴えることを考え、時を待っていた。旅順の陥落は、その時がきたとガポンに受け取られた。彼は、皇帝に「プラウダ（真実・正義）」の実現を求めて宮殿に向かい、それがえられなければ宮殿の前で死ぬつもりだという請願書に署名を集めたのである。具体的には、国会の開設、政治的自由と八時間労働などの要求項目があげられていた。重要なことは、人々は死をも覚悟して、市の各地から求心的に行進したことである。だからこそ、軍隊の威嚇にもかかわらず人々は前進した。軍隊は発砲し、多数の死者（公式発表では一〇〇人前後）をだした。民衆のツァーリ崇拝は動揺し、全国に抗議のストライキが広がった。「血の日曜日」事件は第一次ロシア革命の発端となったのである。

「血の日曜日」事件（マコフスキー作，1905年）

この革命においては、市民、労働者、被抑圧民族、農民、そして水兵が加わった。一月の労働者のストが全国に広がったのに続いて、各地の企業家たちが政府に意見書を提出した。ブルジョワジーの反抗は、かつて例をみないものであった。二月四日、モスクワ総督セルゲイ大公が暗殺された。三月の奉天会戦では日本軍二五万人の総攻撃を受けて、ロシア軍は退却した。そして、ついに世界を一周したバルト海艦隊は、五月に日本海を北上した。これを迎え撃った東郷平八郎提督の率いる連合艦隊は、対馬沖海戦でバルト海艦隊をほぼ全滅させる勝利をえた。「ツシマ」での壊滅の報は、専制政府の威信を決定的に落とした。六月のポーランド、ウッジのゼネストは反乱の様相を呈し、黒海艦隊の戦艦ポチョムキン号の水兵反乱も衝撃を与えた。共同体の取決めによる村ぐるみの農民運動が広がるとともに、農民同盟の全国大会も開かれた。職業別にも、民族別にも団体の結成や集会がもたれ、もはや当局が取り締まれるものではなかった。政府は八月に、諮問国会の開設を約束し、選挙法も公布したが、国民は相手にしなかった。八月末に大学の自治が復活され、大学構内に警察が立ち入らなくなると、労働者市民が大学で集会を開くようになり、大学は解放区と化していった。政府としては、なんとしても戦争を終えなければ、事態を切り抜けられないことは明らかであった。

そこで、ロシアはセオドア・ローズヴェルト米大統領の仲介を受け入れ、ポーツマスでの講和交渉に臨んだ。全権に選ばれたのはウィッテであった。ウィッテは、領土の割譲も賠償金の支払いも認めてはならないという訓令を与えられて出発した。日本側は朝鮮の自由処分権を要求するとともに、講和会議の直前、日本軍が占領したサハリン全島の割譲と賠償金の支払いを求めた。ウィッテは、朝鮮については、主権に影響することがらは韓国の同意を要すと盛り込めば、日本の主張を認めてもよいとしたが、訓令によってサハリンの割譲は認めず、賠償金の支払いも拒絶した。交渉は暗礁に乗り上げた。そこで、ウィッテは皇帝の意志を無視して、サハリンの南半分を日本に渡すことで妥結することを決断し、八月二十三日、講和を結んだ。皇帝は、ウィッテの決断を受け入れざるをえなかった。しかし、もとよりこの講和で政府の人気がでるものではなかった。

高まりつつある革命的な気分は、十月に絶頂に達した。十月七日にモスクワの鉄道員のストから始まった動きは、全国民的な政治ゼネストに発展した。労働者だけでなく、学生も教師も、市民も役人もストに加わった。ペテルブルクでは、労働者代表ソヴィエトがストライキ委員会として誕生した。この組織のなかで目立った存在となったのは、トロツキーであった。ポーツマス講和から帰ったウィッテは、事態打開の対策として、市民的自由と国会開設の約束をおこなうことを皇帝に進言した。皇帝は、動揺の末、皇太后やニコライ大公の説得を受け、ついに十月十七日、十月詔書を発布した。人身の不可侵、良心・言論・集会・結社の自由が認められ、法は国会の承認なしには効力をもたないことが宣言されている。ウィッテは、あらたに設けられた首相職に就任した。

十月詔書後、政府は労働組合などの団体結成の合法化や、ストライキにたいする刑事罰の廃止などの措置を講じた。大方の市民層、ブルジョワジーは、十月詔書とその後の措置を満足をもって受けとめた。しかし、労働者ソヴィエトは革命をさらに進めようとしたから、国民のなかに亀裂がはしることになった。当局は、フルスタリョフ＝ノサーリやトロツキーらのペテルブルク・ソヴィエトの幹部たちを逮捕した。

十二月、モスクワで労働者がバリケードをつくって自分たちの解放的な空間を守ろうとして、軍隊の全面攻撃を受け、壊滅した。これはモスクワ蜂起として説明され、不安を感じた市民と労働者のあいだの分裂は決定的になった。

憲法と国会

一九〇六年二〜三月に、国家ドゥーマの選挙が全国的におこなわれた。この選挙は、クーリア制・多段階選挙であった。それぞれ財産資格のある土地所有者クーリア、都市民クーリアのほか、農民クーリア、労働者クーリアも設けられた。革命派は、ボリシェヴィキもメンシェヴィキも、選挙ボイコットを表明し、エスエル党は無視という態度をとった。結果は、解放同盟の流れをくむ立憲民主党(カデット)が四四八議席中一五三議席、穏健な農民派トルドヴィキが一〇七議席を獲得した。

ついで、一九〇六年四月二十三日、欽定憲法が制定された。革命の退潮に乗じて、この憲法はあまりに保守的なものとなったといえるだろう。第四条は「全ロシア皇帝に最高専制権力が属す。その権力にたいして畏怖の念によるのみならず、衷心より服従することは神の命じたまうところである」とあり、専制に変化がないかのごとくであるが、第七条に「皇帝陛下は国家評議会と国家ドゥーマと協力して立法権を行使する」との規定がおかれ、第八六条に「いかなる新法律も国家評議会と国家ドゥーマの是認なくして生まれず、皇帝陛下の承認なくして発効しえない」と規定された。これは、立憲専制体制と呼ぶべきものだろう。国家評議会は、従来の勅選議員とあらたに諸団体から選挙される代表が、半々で構成するように改革され、上院となった。さらに、この憲法においてはじめて「臣民の権利と義務」が明記された。身分をこえて、全国民が臣民として一体にとらえられることが始まったのである。

憲法発布の四日後に、第一国会が開会した。政府は、カデットとトルドヴィキが中心に立つ国会で、土地問題の審議を許さなかったので、衝突となった。その結果、わずか二カ月余りで解散された。解散された第一国会の議員たちはヴイボルクに集まって、闘争宣言を発したが、状況を変えることはできなかった。選挙の結果、一九〇七年二月に開会された第二国会の構成は、一層反政府的であった。六月三日、首相ストルイピンはふたたび国会を解散させるとともに、改悪した新選挙法を公布した。農民クーリアは閉鎖され、土地所有者クーリアに吸収された。この新選挙法による選挙の結果、十一月に開会した第三国会では、穏健自由主義のオクチャブリスト党が第一党となり、構成は保守化した。政府は、ようやく協力できる国会をつくりだすことに成功したごとくであった。

名門貴族の出身で、ペテルブルク帝国大学で自然科学を学んだ合理人、西部諸県や農民県で知事をしてきたストルイピンは、彼の改革構想の要に、共同体からの農民の離脱を促進する土地改革をおいた。彼は、革命運動は仮借なく弾圧しながら、「内外における二、三十年間の平和」をスローガンにして、対外的には親英・親独の平和政策をとり、国内改革を推進しようとした。土地改革は、農民が共同体のなかで割りあてられている土地を私有地とすることを可能にし、さらに農民の希望によって散在している土地を一カ所に集中し、団地をつくることを奨励するものであった。この団地をオートルプといい、共同体の集村から住居を自分の団地のなかに移したものをフートルという。そのような独立自営の強固な農民経営をつくりだし、ロシア農業の発展、新しい村づくりの担い手にしようというのである。一九〇六年から始まった改革事業で、一九一四年までに共同体からでて土地を私有地化した農民は農家全体の二割であり、団地化までした者は一割であった。このテンポには、やはり農民のなかに根強い反発があったことが影響しているとみるべきであろう。しかも、この土地改革とセットになる諸改革、地方行政改革、労働者保険法などが議会でながく阻止されたことも深刻であった。

ストルイピンの挫折と危機の再燃

ストルイピンの法案は、下院の国会では、しばしば保守的として修正され、それが上院の国家評議会へまわると、政府原案自体が過激だとして修正されるか、棚上げにされてしまうのであった。これは、ストルイピン症候群といってもいい。この状況を突破するために、ストルイピンは、しばしば憲法八七条を使って国会を一時休会させ、そのあいだに皇帝の勅令で法律を公布するというやり方をとることになった。一九一〇年、西部諸県にゼムストヴォ制度を拡大する法案の処理に、その手が使われた。これは国会、国家評議会をねじふせるだけでなく、ツァーリの権限も道具に使うもので、あらゆる意味で無理な手法であった。ストルイピンは、一九一一年九月、皇帝の面前で元警察スパイのユダヤ人青年に暗殺されるのだが、そのときにはもはやストルイピンの政治生命は終わっていたのである。問題は一九〇六年憲法体制の危機であった。

となれば、ふたたび革命の気運が起こるのも無理はなかった。ブルジョワジーの力は強まっていて、革命を求めるようになっていた。綿工業の大立て者リャブシンスキーは、一九一二年の元旦に、貴族、官僚にかわって「ロシアの第三身分」が国を導かなければならないと宣言した。いまや経済だけでなく、文化的にみてももはや貴族の時代は去り、ブルジョワジーが支える都市文化の時代がきていた。それが「銀の時代」の内容である。ブルジョワジーは西欧文化の最先端と結びついていた。マチスと青の時代のピカソの絵は、モスクワの商人シチューキンの邸宅でなければ見ることができないという状態であった。ブルジョワジーは、自らの力にふさわしい政治的な地位を求めていた。一九一二年、同じモスクワ・ブルジョワジーの代表コノヴァーロフらが進歩党を結成した。さらに注目されるのは、彼らも加わって、フリーメーソン形式の秘密政治結社が、自由主義者と穏健社会主義者からつくられたことである。

他方で、四分五裂していた社会民主党では、一九一二年一月にレーニン派がプラハ協議会を開き、

シチューキン邸の内部（1912年）

党を再建するというかたちで、自派だけの党を結成した。レーニンは、はじめて自分の党をもったのである。党機関紙として、日刊合法新聞『プラウダ』が創刊される。一九一二年四月四日、シベリアのレナ金山での労働者への発砲虐殺事件（死者一七〇人）への憤激から労働運動が再燃し、全国に広がった。このなかで、首都の運動にレーニン党が影響力を確立していった。

一九一三年には、ロマノフ朝三〇〇年祭が祝われたが、ニコライの権威は低下していた。それにはラスプーチンという宗教家の問題が関係している。皇后アレクサンドラがようやくえた男子は、不幸にも曽祖母ヴィクトリア女王からの遺伝因子で血友病であった。世間には秘密にされたその事実からくる暗い不安、負傷したときのアレクセイの激痛をまぎらわすのに、シベリア出身の宗教家ラスプーチンは皇后にとってなくてはならぬ人となった。しかし、ラスプーチンの信仰はあやしげなものとみえたし、彼の所業は不道徳なものであった。このような人物が宮廷に出入りすることはスキャンダルにならずにはおかない。ストルイピンも、彼の後継首相ココフツォフも、ラスプーチンを退けようとして失敗した。ラスプーチンを守るために、皇后は政治に介入することも辞さない決意であった。

たしかに、一九一四年初めのロシアは革命をはらんでいた。その革命は一九〇五年の革命を継承し、民主主義革命を完成するものであったろう。しかし、歴史の展開は大きく異なっていく。世界戦争が近づいていたのである。

世界戦争のなかのロシア

バルカンでの戦争は、一九一二年から続いていた。第二次バルカン戦争の勝者になったセルビアは、大セルビア主義をつのらせていた。一九一四年六月、六年前にオーストリアに併合されたボスニア＝ヘルツェゴヴィナのサラエヴォで、オーストリア皇太子がセルビア人民族主義者に暗殺された。オーストリア＝ハンガリーは、事件の背後にセルビアがいるとして、セルビアに強硬な最後通牒をつきつけた。ロシアはセルビア支持の立場から、オーストリアに回答期限の延長を求めた。セルビアはほとんどオーストリアの要求をのんだが、セルビアの完全屈服を求めるオーストリアは外交関係を断絶し、ついに七月十五日（新暦二十八日）、セルビアに宣戦布告した。ロシアが部分動員を開始すると、ドイツは対抗して動員令をだした。ロシアの内部では、主戦論と戦争回避論が対立したが、ニコライ二世は主戦論の側に立ち、七月十七日、総動員令を発した。七月十九日（八月一日）、ドイツも総動員令を発し、ロシアに宣戦布告した。翌日ロシアも宣戦布告し、二十一日（三日）はドイツとフランスが、翌日はイギリスがドイツに宣戦布告をした。

こうして、バルカンにおけるオーストリアとセルビアの対立から、それぞれの国の背後にいる大国ドイツとロシアは戦争に向かい、イギリスとフランスがロシアの側でただちに参戦することによって、全ヨーロッパの戦争が始まった。そして、帝国主義世界の構造によって、全ヨーロッパ戦争は全世界を巻き込む世界戦争となった。世界史における世界戦争の時代ともいうべきものが始まったのである。

世界戦争は、国家の政治・経済・文化の力がすべて動員され、試験される総力戦であった。国民国家にいたっていない立憲専制国家ロシアは、この試験にたえうるのであろうか。さらに、世界戦争は発達した工業技術を軍事目的に振り向け、考えられもしなかった兵器を開発し、おそるべき人命殺傷を招いた。逆に、戦争の必要が科学技術の急速な発展をもたらすことになる。総力戦の性格からして、相手の体制の弱点をつき、体制の崩壊をうながすことが必要になる。帝国が世界戦争を始めるとき、

ラスプーチン

Grigorii Efimovich Rasputin
(1869~1916)

ラスプーチンは、シベリアの農民出身の宗教家である。その出生が一八六九年であることは、最近明らかになった。十五歳で酒を飲み始め、二十歳で結婚したのち、さらに酔っぱらいの度がひどくなり、ついには馬泥棒もするようになった。しかし、あるとき、彼は宗教的な回心をとげ、修道院に巡礼したのち、宗教家となったのである。その信仰は、新宗派のフルイストに近いものだったという説がある。フルイストは、地上での神の王国の実現を説き、指導者を「キリスト」「予言者」と敬うのである。初期には性的禁欲を説いたが、

のちには「キリストの愛」として、婚姻外の性愛を肯定する論理を立てるにいたった。

一九〇四年、ラスプーチンは中央の教会とのつながりを利用して、ペテルブルクにでた。カザン管区の副主教の紹介状をもって、ペテルブルク神学大学校長セルギイ主教のもとをおとずれ、ピョートル・ニコラエヴィチ大公夫人ミリーツァに紹介されたのである。ミリーツァは、皇后と特別親しくしていた。

この年、待望の皇太子をえた皇后は、やがて彼が血友病にかかっていることを知らされる。不安のなかにラスプーチンが登場する。皇帝ニコライ二世は、一九〇五年十一月一日の日記に、「神の人、トボリスク県出身のグリゴーリーと知り合った」と書いている。

ラスプーチンは、皇太子が出血の苦しみにもがくとき、その痛みをやわらげる力を示し、皇后の信任をえた。皇后は、ラスプーチンの力にすがるようになった。皇帝もそれを肯定した。

他方で、ラスプーチンは、あやしげな人々に取り囲まれ、性的な不品行の噂で一杯であった。皇太子の血友病は、国家機密であった。だから、人々は皇后のラスプーチンへの傾斜が理解できなかった。ラスプーチンが攻撃されるたびに、皇后は彼をかばい、攻撃する人々と闘った。疑惑、不信は雪だるま式に大きくなった。

ラスプーチンの実像がなんであるにせよ、人々がラスプーチンについてどのようなイメージをもったかが、決定的である。ラスプーチンは皇后を愛人にした男だとのイメージは、男性的なるものとしての皇帝の権威を傷つけ、帝政の運命を決めてしまった。

一九一六年十二月、ラスプーチンは殺された。皇族と右翼議員が毒入りの酒を飲ませたが、効き目がなく、ピストルで撃ち殺し、運河にすてたのだが、氷の下で、彼は十字を切っていた。

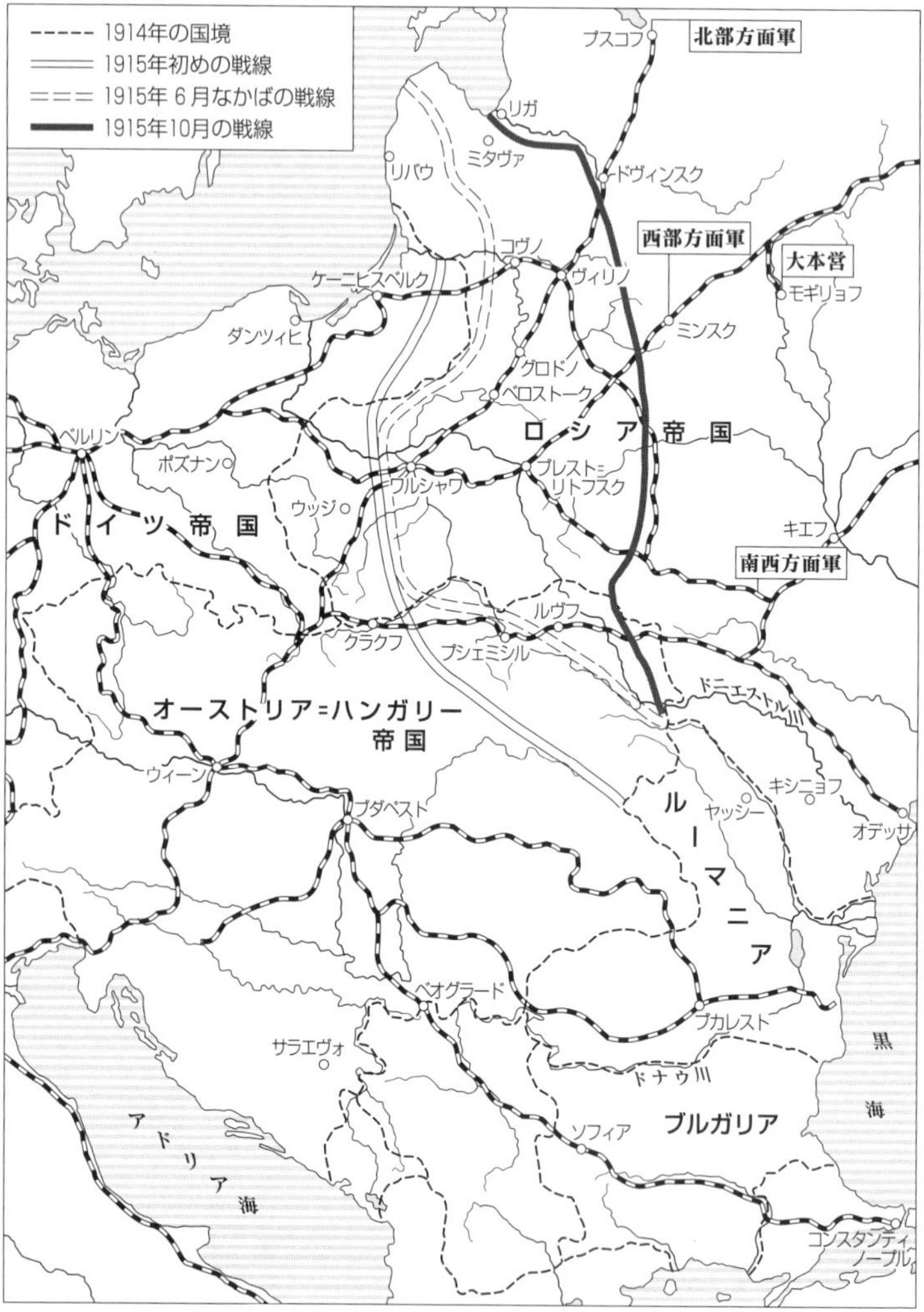

第一次世界大戦期の戦線の変化（1914〜15 年）

民族の要求が操作的にくみあげられざるをえない。帝国主義国は、支配下の諸民族を戦争に動員するのに自治を約束しなければならず、相手の帝国を切りくずすために、その領内の諸民族に自治独立を約束するのである。かくして、民族の要求が帝国秩序を分解させ始めるのである。世界戦争の時代は、国家の時代、技術の時代、民族の時代であった。

さて、開戦とともに、ロシアでは反ドイツ熱が高まり、首都ペテルブルクもペトログラードと改称された。開戦直後はタンネンベルクの敗北などはあったものの、君民挙国一致の雰囲気のもと、順調に兵力を展開し、オーストリア領内にも進撃した。しかし、総力戦への対応は不十分で、膨大に必要な砲弾・弾薬、軍需物資の調達がとどのわなかった。砲弾・弾薬の不足は開戦二カ月後には早くも露呈し、年末には参謀総長が「多くの兵士は、長靴がなく、足が凍傷にかかっている。半外套もなく、綿入れもなく、ひどい風邪をひき始めている。その結果、将校が戦死した場合、……集団投降が起こっている」と陸相に報告する事態となった。事態改善の抜本的な手が打たれないままであったため、一九一五年春に破局がおとずれた。ロシア軍はドイツ軍の攻

第一次世界大戦期の戦時公債募集のポスター 「あなたの参加が勇敢な我軍に新しい力を与える」。

勢を支えきれず、攻め込んだガリツィアから退却を始め、八月には全ポーランドが失われた。

敗北は、裏切りで説明するのが容易である。すでにこの大敗北の前、国境の町の憲兵大佐ミャソエードフはスパイとして逮捕され、陸相スホムリーノフが彼の庇護者として、疑いの目で見られていた。軍部は大敗北の原因を、ポーランドからロシアの西部諸県に住むユダヤ人の裏切りに求めた。この地方のユダヤ人の強制移住が命じられた。

大退却は、政治危機を発生させた。企業家たちが突き上げて、ようやく工業総動員の体制づくりが決められた。戦時工業委員会が中央と地方につくられ、中央政府には、国防特別審議会などの官民の力をあわせる機構が生まれた。当然ながら、企業家、とくにモスクワのブルジョワジーが力を強めた。敗北の責任者、最高司令官ニコライ大公の更迭をめぐって、皇帝と大臣たちが衝突した。大臣たちの反対を押しきって、ニコライ大公を解任し、皇帝は最高司令官に就任した。国会のなかには、中道派を中心に国会議員の四分の三を結集する「進歩ブロック」が組織され、「信任内閣」を要求したが、皇帝に拒絶された。ここにおいて、皇帝の個人統治の様相が濃くなり、皇后とその信任厚いラスプーチンが皇帝の助言者となっていく。「大臣の蛙跳び」と呼ばれる頻繁な更迭がおこなわれるようになり、ロシア国家は頂点から麻痺し、分解し始めたといっていい。

工業の総動員は進み、砲弾・弾薬の補給はできたので、ドイツ軍との戦いは対峙状態に持ち込まれた。その結果、戦線は膠着《こうちゃく》し、長期塹壕戦のなかで兵士たちの厭戦気分が強まっていった。戦争のための総動員が成功した結果、国の経済的・社会的危機が進行した。なによりも開戦時の現役兵士の数は一四二万人だったが、一九一六年十一月には、動員された兵士の数はその一〇倍の一四二九万人に達しており、しかも戦死、戦傷、捕虜、行方不明をあわせた損失は、五三七万人にのぼっていた。この動員の社会的影響は甚大であった。この状況のなかでは、従来兵役を免除されてきた中央アジアのイスラム系住民にも、勤労動員をかけることになったのは当然であった。しかし、一九一六年六月二十五日に動員令がでると、不穏な噂が流れ、翌月にはこれらの住民は激烈な反乱を起こすにいたった。戦う帝国の背後で、ロシア人農民はカザフ人に切り殺されていた。

秋には危機が深化した。十一月に国会が再開されると、カデットのミリュコーフが、有名な「愚行なのか、裏切りなのか」という繰返しをもつ演説をおこなって、政府を批判した。ドイツ人の皇后が、ドイツに内通しているとの疑惑を表明した演説だった。社会的には、皇后とラスプーチンが愛人関係にあり、皇帝は妻を寝取られた無能な夫だという噂が流れていた。十二月、危機意識をつのらせた皇族と右翼議員がラスプーチンを暗殺した。しかし、すでに手遅れで、ツァーリの権威は失墜し、回復不能であった。戦前にフリーメーソン的な秘密結社をつくったブルジョワジーと穏健な社会主義者のなかには、ふたたび結束を固めて、革命に向かわなければならないという気分が生まれてきた。中央戦時工業委員会とその労働者代表が特別な役割を演じる形勢であった。

開戦直後にオーストリア官憲に逮捕され、スイスに逃れたレーニンは、世界戦争の開始に衝撃を受け、この戦争の原因を帝国主義に求め、さらに帝国主義を資本主義の最高の発展段階ととらえるその「帝国主義」論を構築した。そして、世界戦争をなくすためには、資本主義を打倒し、社会主義に取り替えなければならないとしたのである。彼は、それまではロシアが社会主義へ進むことを考えていなかったが、この世界戦争のなかでロシアも社会主義へ進まなければならないと考えた。その際、彼がモデルとしたのが、ドイツの戦時統制経済、「国家社会主義」「戦争社会主義」であった。これを革命権力と結合するとき、ロシアも社会主義への道を歩むことができるとしたのである。

帝政の倒壊

一九一七年一月九日は、「血の日曜日」の記念日であった。この日、首都の労働者は、戦時下では例のない規模の記念ストをおこなった。戦時工業委員会労働者グループは、この日の行動に参加したあと、運動のレヴェルをあげようと、二月十四日の国会開会日に国会へ向けた請願デモを呼びかけた。ひそかに「血の日曜日」の行動の再現が考えられていた。ボリシェヴィキなどの左翼諸派は、国会支持になるとして、このデモ案に反対した。国会請願デモの呼びかけは不発に終わったが、当日ネフスキー大通りで学生たちがデモを試みた。このような動きが二月革命の前提となった。

一九一七年二月二十三日、国際婦人デーに、首都ペトログラードの女子労働者が「パンよこせ」のストを始めたのは、地区の婦人活動家の働きによるものだろう。だが、それが近隣の大金属工場の労働者に拡大すると、その日のうちに市の中心部、ネフスキー大通りへ向かうデモとなったのは、一月以来の前提が影響している。翌日は、ストはほかの労働者地区にも拡大していき、三日目の二十五日には、全市ゼネストとなったのである。

大本営にいる皇帝の命令を受けて、ペトログラード軍管区司令官が武力鎮圧を決意し、二十六日には出動した近衛連隊は猛然とデモ隊に発砲して、死者がでた。しかし、非武装の労働者市民に発砲させられた兵士たちはたえられず、ヴォルイニ連隊教導隊は下士官に率いられて、二十七日朝から反乱を起こした。これに隣接する兵営の二連隊が呼応し、反乱した兵士たちは労働者と合流し、監獄を解放した。午前中のこの動きは午後には全市に拡大し、首都の政府機構は崩壊した。

国会はこの日の朝、皇帝から休会命令を受け取っていて、それを無視することさえできなかった。それでも、ケレンスキーなどの秘密結社系の議員は、反乱した兵士を国会に集めるように働きかけ、やってきた兵士たちに国会議員が挨拶し、指示をだすようにした。彼らの努力で、国会はようやく革命の側に立つにいたったのである。監獄からでた穏健社会主義者たちの呼びかけで、夜、国会の建物のなかに労働者兵士代表ソヴィエトが生まれた。「労働者は一〇〇〇人に一人の代表を送れ、兵士は一個中隊から一人の代表をだせ」という呼びかけに応じた人々が集まったのだが、とりあえず革命に加わった労働者兵士の連絡組織といったものだった。このソヴィエト結成の動きに刺激され、国会の側でもようやく国会各会派代表よりなる委員会が生まれた。当初は「秩序の回復」「人々、諸機関との連絡」をはかるという曖昧《あいまい》な性格のものだったが、やがてこの国会委員会は権力掌握に動くことになった。

大本営の皇帝は、首都の知らせを聞くと、鎮圧軍を鉄道で出発させ、自身も皇后らのいるツァールスコエ・セローに向かった。国会議長ロジャンコは、大本営と北部方面軍司令部と連絡をとり、軍部に革命を受け入れさせた。皇帝はツァールスコエ・セロー守備隊の反乱を知り、鉄道が国会委員会に握られたため引きかえして、北部方面軍司令部のあるプスコフへ向かった。鎮圧軍も、首都進撃を断念した。三月二日、カデット党のリヴォフを首相とする臨時政府がソヴィエトの支持で成立した。フリーメーソン形式の秘密結社からは、コノヴァーロフ、ケレンスキー、ネクラーソフ、チェレーシチェンコと、四人が大臣となった。

この間、ロジャンコは軍首脳に皇帝の退位が必要であると主張していたが、軍首脳は軍と王朝を救うためにこれを受け入れ、皇帝を説得した。皇帝は幼い皇太子アレクセイへの譲位をいったんは受け入れたが、侍医と協議のうえ、翻意して、弟ミハイルへの譲位の意志を示した。皇太子の血友病を心配したのであろう。これは、皇太子への譲位を求めていた国会側の受け入れるところとならず、ミハイルも拒否したため、帝政は自動的に崩壊することになった。最後まで、皇太子の血友病は公表されなかったのである。臨時政府は、即時かつ完全な大赦令、軍人を含めた言論・出版・集会の自由、身分・信教・民族による差別の撤廃、普通選挙による憲法制定会議の召集などを盛り込んだ宣言を、三月三日に発表した。帝政ロシアは、民主主義の国となったのである。

首都では、ソヴィエトが兵士にたいして、軍の命令は「ソヴィエトの意見と食い違わないかぎり受け入れられる」という内容の「命令第一号」をだし、兵士の忠誠をソヴィエトが握ることになった。臨時政府の側は、将校・官僚の忠誠を保証されていた。警察は、労働者民警と市民警の二本立てとなった。こういう状況が「二重権力」と呼ばれたものである。二月革命は、労働者兵士の革命として始まり、ブルジョワ市民の革命がそれに結合して、旧体制を打倒したものである。

生み出された自由の空間のなかで、農村では共同体を基礎とする農民の反地主革命が起こった。帝国秩序は分解し始め、被抑圧民族は各地で民族組織をつくり、自治自決をめざす民族革命を起こした。この複合的な革命の構造のなかで、以後の革命の過程が推移するのである。

十月革命

兵士委員会とソヴィエトは全国に拡大した。兵士は当初は戦争遂行に熱心であったが、しだいに平和にたいする願望が高まり、彼らのあいだで急進的反戦派、ボリシェヴィキが力をもってくる。レーニンは、スイスから「封印列車」でドイツをとおって、ロシアへ帰る方法をとり、四月にペトログラードに到着した。彼は臨時政府不信任を貫き、ソヴィエト権力の樹立をめざせという「四月テーゼ」を発表して、彼の党に認めさせた。

臨時政府は、ケレンスキー首班の第二次政府から、ソヴィエト派と自由主義者との連立政府となったが、連合国との関係に縛られて戦争をやめる方向には進めなかった。その決断ができないことが、土地改革を憲法制定会議開会まで先送りすることにもなった。エスエル党のチェルノフが農業相になりながら、臨時政府は土地を求める農民革命の要望に応えることができなかったのである。

またウクライナでは、ウクライナ中央ラーダという民族組織が生まれ、ウクライナの自治を要求した。しかし、戦時下であったため、ウクライナ人部隊の創設という新しい要求がだされ、さらにウクライナ軍人の大会で、自分たちはウクライナ軍人総委員会の命令のみに従うという決議を採択するにいたった。六月、中央ラーダは自治の体制をとるとの宣言を発し、執行機関としての総書記局を創設した。ソヴィエトはウクライナの自治を認めるという立場をとり、臨時政府はウクライナ中央ラーダと協定を結んだ。これにたいして、カデット党は反発し、三人の大臣が辞任した。

そのような臨時政府に右翼勢力はいらだち、戦争遂行の体制づくりを求めて八月、コルニーロフ将軍がクーデタ軍をおこし、首都進撃を試みた。ケレンスキーはこれとの対抗上、ソヴィエトの力に依存せざるをえなかった。ソヴィエトは実力を発揮し、コルニーロフの反乱軍を解体させた。臨時政府は、分解していく国内情勢をおさえることができなかった。そこで、コルニーロフ反乱後、ソヴィエト単独政府を求める声が高まったが、ソヴィエト内部では、社会主義諸派の統一政府をつくれという志向と、反戦左派だけの政府をつくれという志向が対立した。前者は、臨時政府を支えてきた勢力が過半となるので、事態を変える力がないとみられた。ボリシェヴィキは強力な国家統制を主張して、反戦左派だけの政権を求めた。。レーニンは、ドイツの国家統制経済を革命権力が実行すれば、社会主義へ近づけると公然と主張した。

この帰結が十月革命であった。臨時政府は、政権基盤を広げるための会議の召集を試みるだけで、結局即時講和の方針をだせず、事態を変えられなかった。ソヴィエト左派による権力掌握を求める首都周辺のソヴィエトの支持に依拠して、ボリシェヴィキは行動にでた。十月二十五日(十一月七日)、ペトログラード・ソヴィエト軍事革命委員会は、首都の拠点を完全に掌握し、臨時政府が召集した

「予備議会」を解散させ、臨時政府は打倒されたと発表した。おりから開会した第二回全国ソヴィエト大会は、この変革を認め、レーニン首班のボリシェヴィキ単独政府、人民委員会議を承認した。平和にかんする布告と土地にかんする布告が採択された。冬宮にたてこもった臨時政府の閣僚たちは、二十六日になって逮捕された。ケレンスキーはそれより前に冬宮を脱出し、プスコフの北部方面軍司令部にいたり、クラスノフのカザーク部隊とともに首都反攻をめざした。三十日、首都の近郊で、カザーク部隊は首都の革命派兵士、労働者と戦って敗北した。モスクワでも、士官学校生を中心とする反ボリシェヴィキ行動は敗北した。

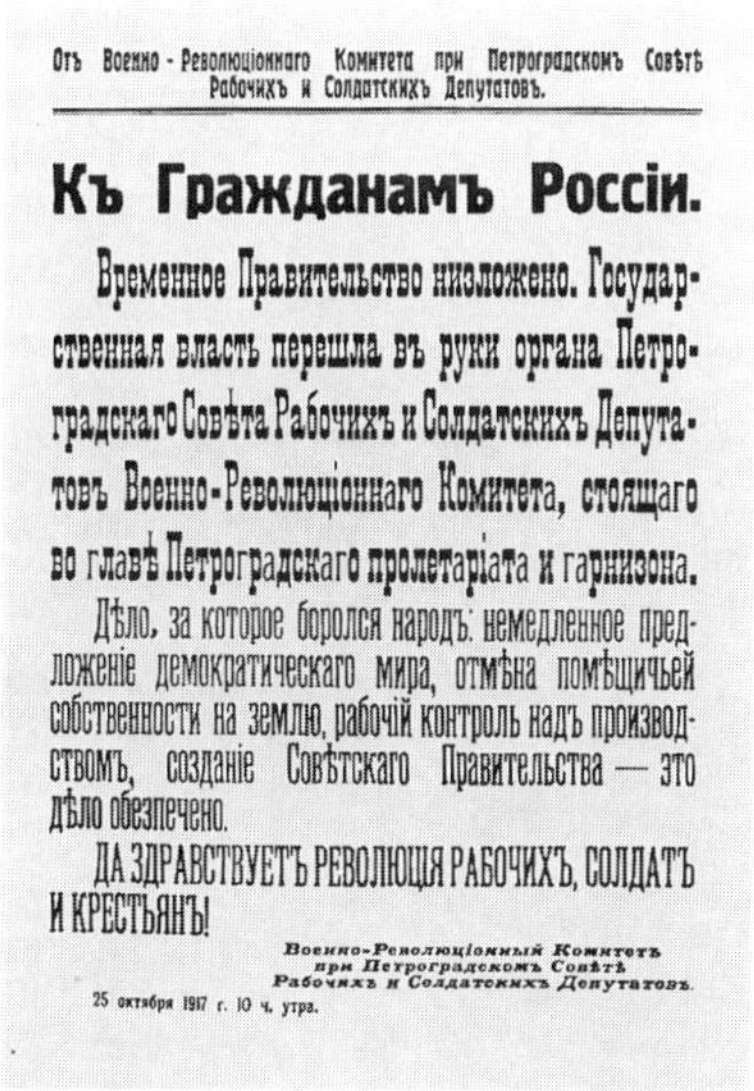
Отъ Военно-Революцiоннаго Комитета при Петроградскомъ Совѣтѣ Рабочихъ и Солдатскихъ Депутатовъ.

Къ Гражданамъ Россiи.

Временное Правительство низложено. Государственная власть перешла въ руки органа Петроградскаго Совѣта Рабочихъ и Солдатскихъ Депутатовъ Военно-Революцiоннаго Комитета, стоящаго во главѣ Петроградскаго пролетарiата и гарнизона.

Дѣло, за которое боролся народъ: немедленное предложенiе демократическаго мира, отмѣна помѣщичьей собственности на землю, рабочiй контроль надъ производствомъ, созданiе Совѣтскаго Правительства — это дѣло обезпечено.

ДА ЗДРАВСТВУЕТЪ РЕВОЛЮЦIЯ РАБОЧИХЪ, СОЛДАТЪ И КРЕСТЬЯНЪ!

Военно-Революцiонный Комитетъ
при Петроградскомъ Совѣтѣ
Рабочихъ и Солдатскихъ Депутатовъ.

25 октября 1917 г. 10 ч. утра.

ペトログラード・ソヴィエト軍事革命委員会の発表（1917年10月25日）「ロシアの市民たちへ，臨時政府は打倒された」。

土地にかんする布告は土地の国有化を宣言したが、内実は、共同体を基礎にした農民革命の志向に干渉しないという宣言であった。農民は地主を追い出し、土地を共同体の原則で分配する自分たちの革命を進めた。労兵革命がブルジョワジー市民の革命を倒したことが、農民革命に自由を与えたのである。

ボリシェヴィキ政権は、十二月に左派エスエルとの連立政権になることができたが、厳しい試練の連続であった。新政権は平和にかんする布告に基づき、即時休戦、無併合、無賠償の平和を全世界に呼びかけたが、ドイツ以外に応ずるところがなかった。そこで、十二月にドイツとのみ休戦協定が結ばれた。実質的に兵士でなくなることを求めて革命をした兵士たちは、休戦が実現すると、復員を求め脱走した。階級制の廃止や将校選挙制が法制化されて軍隊の民主化が実現すると、軍隊自体が解体していった。こうして、労働者兵士の革命から革命的兵士集団が失われた。

十月革命ののち、ウクライナは自治から進んで、ウクライナ人民共和国を宣言したが、レーニン政府はこれを認めず、軍隊を送ってこれを倒し、ウクライナ・ソヴィエト政府を擁立した。民族革命との衝突である。さらに、一九一八年一月には憲法制定会議の解散となる。前年十一月十二日の普通選挙によって選ばれたこの会議において、ボリシェヴィキは第二党で、第一党はエスエルであった。憲法制定会議を解散させたことは、エスエル党に内戦開始への正統性を与える行為となった。解散の四日後、第三回労兵ソヴィエト大会において「勤労被搾取人民の権利の宣言」が採択され、ロシアは「社会主義ソヴィエト共和国」であることが宣言された。レーニン政権は十二月、非常委員会（チェカー）を設置し、革命の敵を仮借なく抑圧する体制にはいった。

ドイツとの講和交渉も難航した。ドイツは軍事的な圧力を加えて、きわめて屈辱的な条件を押しつけてきた。ブハーリンはドイツとの革命戦争を主張し、トロツキーは戦争はやめるが講和を結ばないという方針を主張したが、レーニンは戦争は不可能だとして、講和条約即時調印の方針を貫きとおした。三月三日、ブレストで講和が結ばれた。革命戦争を主張した左派エスエルはこれに抗議し、下野した。ドイツは、穀倉地帯であるウクライナを占領した。

第4章　赤いモスクワ

ドクトル・ジヴァゴの世界

モスクワは十八世紀の初め、ロシア帝国の首都の地位を新生ペテルブルクにゆずったあとも、もとより第二の首都の地位を保っていた。

モスクワはクレムリンを中心に、三五〇以上の正教聖堂を擁し、まさに金色のクーポルが燦然《さんぜん》と輝くロシアの古都として、ヨーロッパ的なペテルブルクと際立った対照をなしていた。皇帝の葬儀はペテルブルクでおこなわれ、ペテロパウロ要塞の聖堂が墓所となっていたが、戴冠式はモスクワのクレムリン内のウスペンスキー聖堂でおこなわれることは変わらなかった。

だが、モスクワは十九世紀後半に、第二の首都からしだいに商人の都市となっていき、二十世紀には力をつけ、政府批判もあえてするブルジョワジーの拠点となった。ロシア綿業資本家の代表サッヴァ・モロゾフがつくったモスクワ芸術座は、ペテルブルク貴族の文化にかわる、モスクワ・ブルジョワジーの文化の象徴となった。

モスクワ出身のユダヤ人詩人パステルナークの長編小説『ドクトル・ジヴァゴ』は、モスクワの絹織物資本家の子に生まれたユーリー・ジヴァゴの運命を描いた。彼はモスクワの産業大学校教授の娘と結婚するが、彼の永遠の恋人となるラーリサはベルギー人技師の娘で、弁護士コマロフスキーの愛人となっているのである。ここに描かれたのが二十世紀モスクワの世界であった。

一九一七年の革命は、皇帝の政治と地主貴族にたいするブルジョワジーの革命として始まったので、モスクワのペテルブルクにたいする反逆として始まったといえる。だが、十月革命はモスクワ・ブルジョワジーの敗北であり、ボリシェヴィキのペテルブルク革命の勝利であった。そして今やペテルブルクがモスクワに乗り込んできたのである。

モスクワに遷都したソヴィエト政府

一九一八年三月、ボリシェヴィキ政権は、首都をペトログラードからモスクワに移すことを決定した。三月十一日、レーニンはペトログラードからモスクワへ移り、マネージ広場のホテル「ナツィオナル」にはいった。ほかの幹部はホテル「メトロポーリ」にはいった。一週間後、レーニンはクレムリンに移る。帝国の西のはずれの首都は外敵から防衛しにくく、それに物資の供給にも難があった。食糧搬入がストップすれば、首都機能は麻痺してしまう。モスクワへの首都移転は、そのような判断でおこなわれた。

ボリショイ劇場での第5回ソヴィエト大会（1918年7月）

しかし、飢餓はロシアの中心モスクワをも襲っていた。モスクワに移ったレーニン政権の最初の重大な法令は、一九一八年五月の食糧独裁令であった。革命の結果、農民は不足しがちな穀物を売らざるをえなくさせていた国家への支払いから解放されて、腹一杯パンを食べ、戦争中禁酒令で自粛していた密造酒つくりも始めていた。政権は一定量の穀物を残して、それ以上の穀物は余剰とし、その全量供出を義務づけた。穀物を隠している農民は富農、「人民の敵」であると宣言して、武装した労働者を村にいれて、穀物を没収した。村々には貧農委員会が組織された。これは、共同体的な結束を切りくずすことになった。都市の労働者革命と農民革命の衝突である。これにたいして左派エスエルは強く反発し、七月初め、新首都モスクワで「反乱」を起こすにいたった。レーニンは忠実な部隊を動かして、これを鎮圧した。第五回ソヴィエト大会の代議員の三分の一を占めた左派エスエル代議員は、全員逮捕され、左派エスエル党は非合法化された。

民衆は戦争から逃れたいと願って、革命に立ち上がった。しかし、ボリシェヴィキ政権のもとで内戦が始まり、列強の干渉を招いた。残酷な兄弟殺しの戦争が国のなかで始まることになった。

左派エスエルの「反乱」が起こったとき、すでにシベリア経由でヨーロッパに戻るチェコ軍団が反乱を起こしていた。オーストリア軍の捕虜のなかにいたチェコ人を組織して、チェコ独立のために戦う軍団がつくられたのであるが、この部隊が武装解除要求に反発して、シベリア鉄道の沿線で反乱を起こし、各地でエスエルと結びついたのである。

騒然たるなかで、エカチェリンブルクに幽閉されていた皇帝ニコライ二世の一家が、七月十六日にソヴィエト政府の指示により殺害された。八月、チェコ軍団を救援するとの名目で、アメリカと日本が極東地方へ干渉戦を開始した。ボリシェヴィキ政権の側では、一月に志願制の赤軍を創設していたが、六～七月に徴兵制を採用し、将校選挙制を廃止した。旧軍の将校なども登用され、赤軍の正規軍化が進んだ。八月三十日、エスエルの女性党員によってレーニン暗殺が企てられたのにたいして、九月二日、大量赤色テロによる報復が宣言された。ペトログラードでは、帝政側の政治家、軍人五一二人が処刑された。

赤色騎兵隊の結集を呼びかけるポスター
(アプシト作，1919年)「プロレタリアよ，馬にのれ」。

十一月、西シベリア、オムスクには元

黒海艦隊司令官コルチャークの政権が生まれ、一九一九年三月、東からモスクワめざして攻め込んだ。赤軍は、シベリアで立ち上がっている農民パルチザンに助けられて、六月、コルチャーク軍の攻勢をくいとめた。こんどは南ロシアから、デニーキンの義勇軍が七月に攻めのぼってきた。十月には、モスクワも危なくなった。しかし、マフノの農民軍が後方から義勇軍を脅かし、赤軍はこんども白軍の攻勢をくいとめることができた。

世界革命の首都

しかし、内戦はおそるべき規模のもので、そのもたらした被害は深刻だった。ソヴィエト政権は、この内戦に勝ちぬく体制を、「戦争共産主義」と呼んだ。事実上、穀物の全余剰を農民から没収するに等しい割当て徴発制は、貨幣を媒介しない経済のかたちを実現しているとして、共産主義に近づく道と説明された。工業は零細な工場まですべて国有化され、管理は中央集権化され、原料、燃料も集中的に配給された。労働者の報酬も現物支給となった。職場の条件は軍隊式になった。

この内戦の過程で、一党支配も最終的にかたまった。一九一八年三月の第七回党大会で、ボリシェヴィキ党はロシア共産党と改称したが、一九年三月の第八回党大会で、党はソヴィエトのなかで「自らの完全な政治支配を達成する」ことをめざすことが決議された。さらにこのとき、旧ロシア帝国の各地に生まれた地域的・民族的共産党は、すべてロシア共産党中央委員会に従う支部とされるにいたったのである。

この三月には、コミンテルン、共産主義インターナショナルの結成大会がモスクワで開催された。この大会は、ロシア革命とソヴィエト政府を支持する各国の組織の代表の集まりであったが、ひとたび生まれたコミンテルンは、ボリシェヴィキ革命を各国に持ち込む共産党をつくりだしていくことになった。一九二〇年七月の第二回大会は、レーニン起草のコミンテルン規約と加入条件を定めた。コミンテルンは世界党となり、各国共産党はその支部となった。この大会は「民族植民地問題テーゼ」を採択し、共産主義運動を植民地従属国の反帝国主義運動と結合する方向を打ち出した。このようなコミンテルンの活動を支える財政的基盤は、すべてロシア国民にかかったのである。具体的には、教会財産の没収によってまかなわれたのである。

一九二〇年春、ポーランドへの赤軍の進撃は失敗したが、この年ようやく南部の白衛軍を完全に国外に追い出し、内戦は終わったかにみえた。しかし、このとき、農民の忍耐が限界に達し、農民革命の中心であったタムボフ県で、「人と馬の解放」というスローガンのもと、農民戦争が起こった。アントーノフ反乱という。農村では共産党員が皆殺しになり、一時は空からしか偵察ができなかった。レーニンは農民への譲歩が必要であるということを悟り、一九二一年の第一〇回党大会で現物税制を採用し、余剰を商品交換の方式で国家に販売しうるとした。おりからクロンシタットの水兵反乱も起こるが、鎮圧された。タムボフ県の農民戦争も残酷な方法で鎮圧され、マフノは狩り立てられ、亡命した。

初夏には、飢饉がヴォルガ川流域で発生し、数百万人が死んだ。自由化は徹底されざるをえない。

都市と農村のあいだに、市場経済が広がるのを認めるネップ（新経済政策）が全面化した。経済をゆるめたレーニンは、政治的一元主義を強めるため、党内分派禁止をおこない、一九二二年には、エスエル党員にたいする見せしめ裁判を組織した。

この年、ロシア共和国と、ウクライナ、ベロルシア、ザカフカースの三つのソヴィエト共和国との連合として、ソ連、正しくはソヴィエト社会主義共和国連合が成立した。レーニン、スターリンの対立のなかで、レーニンの意見がとおって、離脱自由な共和国連合ができたかたちにはなったが、ウクライナ共産党など、各国共産党はすべてモスクワに本部があるロシア共産党の支部である以上、離脱がありうるはずはなかった。ソ連は、ロシア帝国以上に中央集権的な国家となっていく。

ソ連は、原案ではヨーロッパ・アジア・ソヴィエト社会主義共和国連合と命名されており、ソヴィ

レーニン

Vladimir Il'ich Lenin
(1870~1924)

ヴォルガ川は、アジア人の川であり、かつロシアの川であった。この川のほとりには、多くの非ロシア民族が住んでいた。カザンはタタール人が多く、チュヴァーシ人もいる。下流のアストラハンに近づけば、カルムイク人が多く、ふたたびタタール人も多い。

レーニン、本名ヴラジーミル・イリイッチ・ウリヤーノフは、一八七〇年、ヴォルガ川上流の町シムビルスクに生まれた。帝政期のヴォルガ川旅行案内には、シムビルスクは、上流のアジア的カザンとも、下流の商業的サマーラとも違い、「貴族

の巣」といった印象を与えると書いてある。その町で、レーニンは貴族の子として生まれたのだが、実は彼の父はアストラハンの町人身分の出身で、カザン帝国大学を卒業して、教育官吏となり、名誉貴族にのぼりつめた人だった。

父方の出自について、ソ連の女流作家マリエッタ・シャギニャンが、父方の祖母がカルムイク人であるという説を唱えて、長く論議を呼んできた。今日、自由な検討が可能になった段階で、ロシアの研究者は、この説は論証されないとの結論をだした。父方の祖父はニジェゴロド県の農奴農民であったことが明らかにされている。もっとも、レーニンの風貌はカルムイク人に酷似しているのも事実である。他方で、母方の祖父の医師ブランクが正教徒になったユダヤ人であったことは、今日では明白となった。母方の祖母がスウェーデン人とドイツ人の混血であることも知られている。

ともあれ、レーニンが、ロシア人、ユダヤ人、ドイツ人、スウェーデン人の混血から生まれて、なおアジア系とも風貌の面で似ているということは興味深い。

レーニンは、最後の病床にあったとき、一連の遺言的な文章を書いたが、そのなかで自分のヴォルガ経験を想起している。

「わが国において異族人がどのようにあしらわれているかについて、私のヴォルガ時代の記憶をたぐってみさえすればよい。ポーランド人は『ポリャチーシカ』としか呼ばれない。タタール人は『公爵』と嘲笑され、ウクライナ人は『ホホール』と、グルジア人そのほかのカフカースの異族人は『カプカス人』と嘲笑されていた。」

諸民族が混在しているところには、民族差別が存在した。レーニンというロシア帝国の革命家の原点に、民族差別の克服という動機があったのである。

エト社会主義国なら、どこの国であれ新規の参加を歓迎するという考えでできていた。実際、旧ロシア帝国に属した中央アジアの地域は、数年のうちに参加してくるのだが、フィンランド、バルト三国、ポーランドはすでに独立していた。ハンガリーにできたソヴィエト共和国は崩壊しており、ロシア革命の拡大は当面望めなかった。

ネップのもとで

ネップのもとで、経済の正常化が進んだが、それは国際関係にも反映した。まず、ヴェルサイユ体制で痛めつけられた敗戦国ドイツとのあいだに、一九二二年五月のラッパロ条約以来、あらたな協力関係が生まれていた。そして、中国、アフガニスタン、イラン、トルコなどの新興諸国と、対等な立場での国交が樹立された。やがて、二四年には帝国主義の総本山と考えられたイギリスが、ソ連を承認するという事態がおとずれた。

一九二三年、病めるレーニンは遺言的な文章を書いた。そのなかで、レーニンはネップから社会主義が生まれるとし、社会主義を「文明化された協同組合員の体制」と説明した。それは新しい説明であったが、国家社会主義の体制の土台はすでに整えられており、道を変えることは不可能であった。また、レーニンは別の文章で、後継者問題にふれ、党幹部たちについての評価を述べたが、カーメネフ、ジノヴィエフらの一九一七年の動揺、ブハーリンの弁証法無理解などを指摘したうえ、スターリン、トロツキーを重要視して、その協力を要望している。だが、グルジアで起こった事件を契機に、民族問題について深く考えたレーニンは、スターリンは粗暴であるとして、彼を党書記長から罷免するように遺言状に書き加えた。さらに、妻クルプスカヤへの暴言のゆえに、スターリンに絶交か、謝罪かを迫った。しかしその直後、致命的発作を起こし、口もきけない身体となってしまう。スターリンは、秘書を通じて遺言状の内容を知っていた。

一九二三年、トロツキーは批判派として行動を起こし、スターリンは、ジノヴィエフとカーメネフとトロイカをつくり、トロツキーを抑え込んだ。

一九二四年一月二十一日、レーニンは死んだ。スターリンは自分がレーニンのもっとも忠実な弟子であるように見せる努力をした。彼は葬儀を主宰し、レーニンの遺体を永久保存する政治局決定を主導した。レーニン廟は赤の広場に最初は木造でつくられ、のち二九年に石造のものとなった。さらにスターリンは二四年のうちに、『レーニン主義の基礎』を書いて、レーニンの最良の解説者をもって任じた。レーニンの死後、ペトログラードはレニングラードと改称され、指導者の名前を都市名とすることが始まった。

やがて、スターリンはブハーリンとともに、社会主義は一国でも建設完了可能だという議論、いわゆる一国社会主義論を唱え、ジノヴィエフら世界革命派と対立するにいたった。一九二五年、両者の論争は第一四回党大会で闘わされた。世界革命派は、すでに経済の復興はなされ、新規の投資が必要であると考えており、その事態の解決を世界革命の進展のうちにみていたのである。二六年、ジノヴィエフ派はトロツキー派と提携し、合同反対派が成立したが、主流派はこれをはねかえした。

ブハーリンは農民に「豊かになりたまえ」というスローガンをもって、ネップの条件下での農民の意欲を最大限かきたてる路線を追求していた。農民と提携し、農業の蓄積に応じて工業への投資を拡大するというのが方針だった。

アヴァンギャルド文化

十月革命は、文化的には都市ブルジョワジーの文化のなかであらわれたアヴァンギャルド文化によって支持された。一時、ボリシェヴィキ党に籍をおいた詩人のマヤコフスキーは、十月革命を「私の革命」と呼んだ。彼は未来派の代表者として、芸術の革命を推進した。絵画ではマレーヴィチ、ロトチェンコ、カンジンスキーら、建築ではタトリンらの構成主義的な作品が盛んになった。マヤコフスキーは、街頭や広場を舞台とする革命的総合芸術を、演劇界の革新派メイエルホリドと組んで推進した。左派エスエル系では、シンボリストの詩人ブローク、農村派の詩人エセーニンがいた。エセーニンは農民革命をうたったが、一九二五年に自殺する。

内戦が終わると、内戦に参加した人々が作家として登場してくる。共産党の側で活動した人々は、プロレタリア文学派と呼ばれた。フールマノフ、ファジェーエフらである。これにたいして、農民の側から考える「同伴者」文学に属したのが、レオーノフ、ピリニャーク、バーベリらである。両派は対立したが、一九二五年六月、ブハーリンが推進して、文学の諸潮流の自由競争を認める党の文芸政策が採択されると、多くの作品があらわれた。非政治的な作家集団「セラピオン兄弟」も、彼らに影響を与えたザミャーチンなども書きつづけた。詩人では、パステルナーク、マンデリシタム、アフマートヴァなどの非政治的な人々も詩作を続けた。

農業集団化と五カ年計画

一九二七年は、国際関係が不安定な年であった。中国にたいするコミンテルンの革命協力は、蔣介石のクーデタで断ち切られた。イギリスは、対ソ断交措置をとった。孤立感、戦争への恐怖が高まり、パニックが発生した。そして、農民は穀物を売らなくなった。この穀物調達危機にたいして、翌年スターリンは内戦期のような非常措置をもって対抗した。これをめぐって、ブハーリン、ルイコフらと対立が発生する。ブハーリンはネップを維持し、農民との経済的な関係の拡大を通じて、徐々に協同

「ダーチャの住人」（マレーヴィチ作，1910〜30年ころ）

マヤコフスキー

組合化を進めていくべきだと考えていた。この年から始まる五カ年計画も、スローペースであるべきだとしたのである。スターリンは、敵に包囲されているなかで、工業力、軍事力の飛躍的強化が必要だと考えた。輸出のための穀物が確保されなければ、工業化はおぼつかない。

一九二九年、スターリンは非常措置の延長で、全面的農業集団化を農民に強制した。都市から熱狂的労働者を送り込み、抵抗する農民は富農、クラークとして追放した。もとより、農民も激しく反発を示したから、これは階級闘争の激化だと説明された。あわせて、第一次五カ年計画の目標が途方もなく引き上げられた。敵にたいして突撃する精神でやればできるというのである。そして、階級闘争としての文化革命が宣言された。古い学術権威が単純な敵味方論で批判され、打倒された。もとより、ブハーリン派は皆、ポストを奪われた。この年に始まった過程は、「上からの革命」と呼ばれる。

「上からの革命」の嵐のなかで、社会のあり方、人々の暮しが大きく変わった。国中が建設現場になったように、いたるところで工場がつくられ、運河がほられ、鉄道が敷設された。オストロフスキーの小説『鋼鉄はいかに鍛えられたか』の主人公、パーヴェル・コルチャーギンのような熱狂的な青年たちも働いたし、農村から流入したばかりの人々もいたし、囚人労働者も大々的に使われた。農村では、熱狂と強制でコルホーズが組織されたが、ゆきすぎを戒めるスターリン論文がでると、脱退者が続出し、ふたたび加入に圧力が加えられるというありさまであった。コルホーズができて、国家への穀物供出があまりに厳格に履行された結果は、一九三三年の飢饉であった。ふたたび数百万人が死んだとみられている。

労働者とコルホーズ員の像
(ムーヒナ作，1937年)

新しいモスクワ(ピーメノフ作，1937年)

社会面では、一九三二年四月に党はあらゆる文学団体を解散し、単一の団体を党の統制下に結成することを決定した。これは、社会団体が相対的な自立性を失い、党、国家と一体化していくことを意味した。ネップ時代に自立性をもっていた労働組合も、この時期に自立性を失い、三三年に労働人民委員部が廃止されると、その主要な任務である社会保険業務の管轄を労働組合が引き受けることになった。これは、労働組合の国家との一体化であった。

こうして、この嵐の期間をへて、新しい社会システムがこの国に出現した。これまで相対的に自立していた社会団体が、国家および党と一体化され、公的世界が形成された。それが政治も経済も文化もすべて一元的に指導した。経済は計画経済となって、単一の国家センターの指揮のもとに動かされるようになった。ここで生まれたシステムは、国家社会主義と呼ぶのがよいと思われる。大恐慌に苦しむ世界は計画に希望の原理をみいだし、イギリスの穏健社会主義者ウェッブ夫妻はソヴィエト共産主義を「新しい文明」の誕生と考えた。

「五カ年計画」ということばは、世界の流行語となった。

モスクワは、この過程で大規模な改造をへた。クレムリンの近くに立つ巨大な救世主キリスト聖堂が破壊された。地下には地下鉄がつくられた。コインを投げ入れる無人の改札口、長く深いエスカレーター、壮麗な地下宮殿としてのホームなどは、他国に例を見ないものであった。地上では、トロリーバス、路面電車、バスのネットワークをつくり、地下鉄とあいまって、都市の公共交通の新しいかたちをつくりだした。

スターリンの帝国

一九三四年一月、第一七回党大会が開かれ、「上からの革命」の成果を確認した。ブハーリンら、旧反対派も復帰し、スターリンを讃えたが、スターリン派のなかに、キーロフを中心に結束しようとする動きがあり、スターリンに警戒心をかきたてさせた。年末、キーロフが個人的なテロによって殺される事件が起こると、これがジノヴィエフ派の陰謀だとフレームアップされた。しかし、このときはそれ以上には進まなかった。

すでに一九三一年、日本は満州事変を起こし、満州国を建国する方向に進んでいた。他方ドイツでは、三三年、ヒトラーのナチス党が合法的に政権を握っていた。ソ連は東西から挟撃される脅威のもとにあった。これにたいして、ブハーリンやゴーリキーの呼びかけで、立場をこえて結束してファシズムと闘う精神が鼓吹された。三四年八月に開かれたソヴィエト作家大会も、その場となった。そして、翌三五年七月のコミンテルン第七回大会では、反ファッショ人民戦線が提唱された。三六年には、民主主義的な条項を含む新憲法、スターリン憲法が制定された。ソ連は反ファシズムの砦として、世界中の人々からあおぎ見られるようになった。しかし、この団結を乱すものは敵だという論理が大転換を用意し、ソ連は大量抑圧の恐怖の嵐にはいっていく。

発端は、一九三六年八月のジノヴィエフ、カーメネフらの公開裁判であった。彼らは、国外のトロツキーを通じて、ドイツのゲシュタポ（秘密警察）の指示を受け、ソ連国家の転覆をはかったと告白した。日独防共協定の締結後、三七年一月、旧反対派で、要職に復帰していたピャタコフ、ラデックらの裁判では、被告たちはドイツと日本の手先であると告白した。そして六月、トゥハチェフスキーら将軍たちの裁判がくる。ここにいたって、ゲシュタポと日本軍国主義者の手先を狩り立てるとともに、その手先を庇護する者、手先の追及に消極的な者すべてを告発するキャンペーンがあれくるった。八〜九月には、極東地方在住の朝鮮人一六万人が、日本のスパイ活動を根絶するためとして、中央アジアに強制移住させられた。三八年三月にはブハーリンらが公開裁判にかけられたが、このときはじめて告発を拒否する動きがでた。大量抑圧はこの年終息する。公開された文書資料に基づく最新の研究によると、一九三七年から三八年にかけて逮捕された人は、一五七万五二五九人、うち処刑された人は、六八万一六九二人であった。大量抑圧は、国家社会主義システムのうえに恐怖の上部構造を築いたのである。それは、スターリンの個人独裁であった。そこでは、家族が社会の基礎として公認され、公的統制の細胞とされるにいたった。

独ソ戦

一九三九年七月、日本の関東軍はノモンハン事件を起こした。モンゴルと「満州国」との国境ハルヒン・ゴールでの日ソ両軍の激突は、ソ連にとって内戦終了以来の最初の戦争であった。テロで赤軍は多数の指揮官を失っていたものの、ジューコフ将軍の指揮のもと、日本軍に完勝した。八月、スターリンはドイツとのあいだに独ソ不可侵条約を結んだ。これは、イギリス、フランスがドイツとソ連を戦わせようとねらっていると疑ったために、ドイツの提案に乗ったものだが、最大の成果は、ノモンハンで戦っていたドイツの同盟国日本を混乱させ、日本とドイツによる挟撃の危機を遠のかせたことである。しかし、ソ連はこの条約にあわせて、勢力圏分割を決めた秘密議定書を結んでおり、それに基づいて、ドイツのポーランド侵入に呼応して、ポーランドの東半分を占領した。フィンランドに戦争をしかけ、ここでは失敗したが、四〇年、バルト三国を巧妙なやり方で併合し、ルーマニア領ベッサラビアを占領した。これら三国と一地域の併合は、ソ連邦への加入というかたちをとり、構成共和国数はこれにより一一から一五にふえたのである。これは、自国の安全保障を理由とする侵略にほかならなかった。

第二次世界大戦が始まっても、ソ連はドイツとの不可侵条約を守って、ヨーロッパの戦争に傍観者の態度をとっていた。もとより、ドイツとはいつかは戦争になると考えていた以上、東の日本とのあいだの緊張を引き下げることがめざされた。ノモンハンで敗北した日本は南進をめざし、四月十三日に日ソ中立条約を結ぶにいたった。これはスターリンの成功であった。

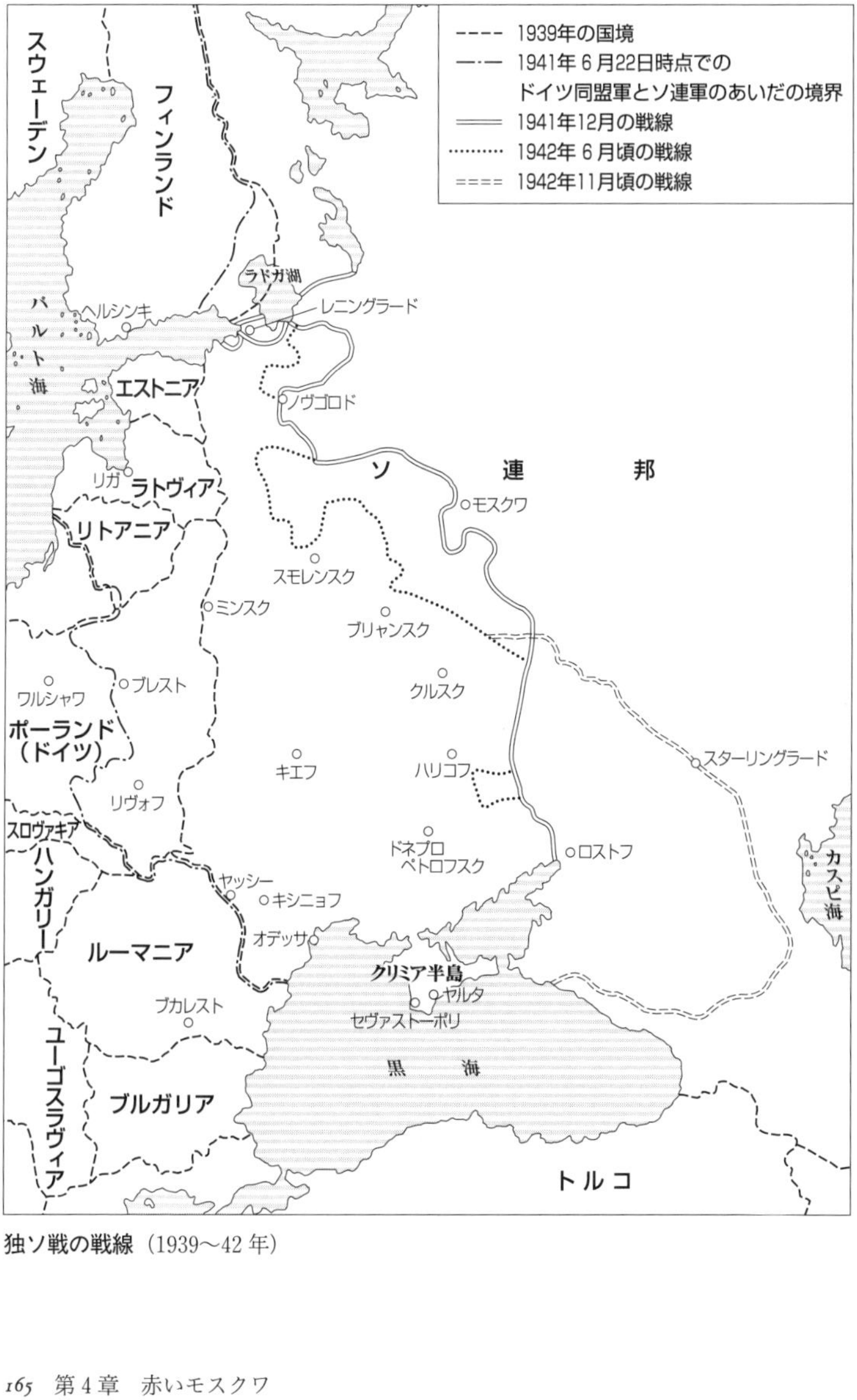

1939年の国境
1941年6月22日時点での
ドイツ同盟軍とソ連軍のあいだの境界
1941年12月の戦線
1942年6月頃の戦線
1942年11月頃の戦線
スウェーデン
フィンランド
ラドガ湖
レニングラード
ヘルシンキ
バルト海
エストニア
ノヴゴロド
ソ　連　邦
リガ
ラトヴィア
モスクワ
リトアニア
スモレンスク
ミンスク
ブリャンスク
ブレスト
ワルシャワ
クルスク
ポーランド
（ドイツ）
キエフ
ハリコフ
スターリングラード
リヴォフ
スロヴァキア
ハンガリー
ドネプロ
ペトロフスク
ロストフ
カスピ海
ヤッシー
キシニョフ
オデッサ
ルーマニア
クリミア半島
ヤルタ
セヴァストーポリ
ブカレスト
ユーゴスラヴィア
黒　海
ブルガリア
トルコ

独ソ戦の戦線（1939〜42年）

すでにドイツは対ソ戦争を準備しており、二カ月後の一九四一年六月二十二日、ヒトラーは電撃的にソ連を攻撃した。スターリンは、ドイツの攻撃は先のことだという固定観念にとらわれていたので、ドイツの攻撃日さえ探知したスパイ、ゾルゲの通報を含め、一切の情報をイギリスの陰謀と考えて退けた。このため、現実にはソ連軍は不意を打たれて、致命的な打撃を受けるにいたった。兵士は勇敢に戦ったが、ソ連軍は敗走を続け、ドイツ軍は二カ月後にはレニングラードを包囲するにいたった。スターリンはショックを受け、開戦から一三日間、国民の前に姿を見せなかった。国民は、いわば

スターリン

Iosif Vissarionovich Stalin
(1879~1953)

ソ連を超大国に押し上げた独裁者は、グルジアのゴリの町の靴屋に生まれ、神学校在学中、革命運動に加わるにいたった。最初からボリシェヴィキに属し、一九一二年、同党中央委員になった。スターリン（鋼鉄の人）と名乗り、レーニンの指導を受けて論文「マルクス主義と民族問題」を書いた。十月革命後は、民族人民委員を務めた。一九二二年、党書記長に就任すると、権力を固め、病めるレーニンとの衝突をうまく切り抜けて、レーニンの死後はもっとも忠実な弟子であると売り出した。

スターリンは非常な勉強家、努力家であって、広く読書した。彼は外国史の本より、ロシア史の本を喜んで読んだ。トロツキーがフランス革命を基準としてロシア革命の運命を考えたとすれば、スターリンが注意を向けたのは、イヴァン雷帝、ピョートル大帝など、ロシア史上の統治者の事績

であった。一九三一年に彼が述べた有名なことばがある。

「テンポを引きとめることは落伍である。落伍者は打ち負かされる。だが、われわれは打ち負かされたくない。断じて、打ち負かされたくない。旧ロシアの歴史は、なによりもまず、遅れていたために、間断なく打ち負かされた記録であった。モンゴルのハンにやられた。トルコのサトラップにやられた。スウェーデンの王にやられた。ポーランドとリトアニアの領主にやられた。イギリスとフランスの資本家にやられた。日本の軍閥にやられた。」「われわれは、五〇年ないし一〇〇年も、先進諸国から遅れていた。この距離を一〇年のあいだに、われわれははしりぬけなければならない。われわれがこれをやりとげるか、それとも打ち負かされるか、どちらかだ。」

スターリンは、自分たちが包囲されていて、敵は自分たちのなかに裏切り者、内通者をつくる、敵と戦う最善の道は内なる敵、内通者を摘発することだという考えを、イヴァン雷帝の事績から学んだようだ。彼はまた、一度反対派になった者は必ずまた裏切るという確信をもっていた。彼は暴力を加えて人間の運命を左右することを、なんとも思っていなかった。一九三七年八月二十一日に、極東地方国境地区の朝鮮人を日本のスパイの浸透を阻止するとの目的で、中央アジアに全員強制移住させることを命令したときも、四五年八月二十三日に、日本人捕虜のうちから「極東およびシベリアでの労働に肉体的に適している」者約五〇万人を移送させ、生産現場に送るとの決定をくだしたときも、いかなる躊躇《ちゅうちょ》もなかったであろう。そもそも彼は、社会主義は強制なくしては建設できないと考えていたのであるが、二十世紀を振り返ってみるとき、そのことに反論するのはむずかしい。

スターリンぬきで戦争にたいする自らの態度を決めたのである。ここには「自然発生的な非スターリン化」（ゲフテル）があったといわれる。スターリンの側近たちも、自分たちで国家防衛委員会の設置を考え、スターリンに委員長就任を求めた。

スターリンは国家防衛委員長に就任すると、国防人民委員、さらには最高総司令官にも就任した。十月には、ドイツ軍がモスクワ近郊に迫った。十五日、国家防衛委員会はモスクワ撤退を決定し、市内の諸施設を爆破するための爆薬をしかけた。市民のあいだにパニックが起こった。このとき、スターリンはモスクワにとどまり、十一月七日、革命記念日の演説で、アレクサンドル・ネフスキー、ドミトリー・ドンスコイからクトゥーゾフまでのロシアの民族的軍事英雄を引合いにだして、国民に抵抗を呼びかけた。

国民は、一人一人が主体となって、大量抑圧期の恐怖から解放されて、戦った。必死の努力で、モスクワは危機を脱した。八〇万の餓死者をだしたレニングラード市民の抵抗も、特筆すべきものである。レニングラードの放送局で語り続けたのは、ラーゲリ帰りの女流詩人、オリガ・ベルゴーリツであった。飢えた市民は、詩の朗読を聞きながら堪えぬいた。ベルゴーリツは、あの冬のレニングラード市民のように、「人間が詩に耳を傾けたことは決してないだろう」と回想している。そうして人々は、自分たちの戦争を戦ったのである。ソ連の国家社会主義体制も、戦争遂行のために有効に機能した。アメリカ、イギリスと同盟関係を結び、相互に助け合ったことも幸いした。もちろん、冬将軍の助けも忘れることはできない。

だが、モスクワとレニングラードを陥《おと》せなかったドイツ軍は、ドン地方から北カフカースへ進出した。そして、一九四二年八月からヴォルガ川のほとりのスターリングラード攻略戦を開始した。ソ連軍は頑強に戦った。スターリングラードの石ひとつ、寸土をめぐる死闘が続けられた。一九四三年二月、ついにソ連軍はスターリングラードの戦いに勝利した。決定的な転機は、七〜八月のクルスクの戦いであった。ソ連軍は平原の戦車戦で勝利し、ドイツ軍を退却戦に追い込むことができた。ソ連軍は東ヨーロッパを解放して進撃し、四五年四月二十三日、ベルリンに突入した。五月八日、ドイツ軍代表は降伏文書に調印した。

その後ソ連は南サハリンの返還とクリル諸島の引き渡しを約束する米英とのヤルタ協定に基づいて、八月九日、対日戦に参戦した。これは、日ソ中立条約に違反する行為であったが、日本を降伏させる

独ソ戦のポスター（トロイゼ作，1941年）「母なる祖国が呼んでいる」

МОСКОВСКИЙ БОЛЬШЕВИК

ВСЕ НАШИ СИЛЫ—НА ПОДДЕРЖКУ НАШЕЙ ГЕРОИЧЕСКОЙ КРАСНОЙ АРМИИ, НАШЕГО СЛАВНОГО КРАСНОГО ФЛОТА! ВСЕ СИЛЫ НАРОДА—НА РАЗГРОМ ВРАГА! ВПЕРЕД, ЗА НАШУ ПОБЕДУ!

Выступление по радио Председателя Государственного Комитета Обороны И. В. СТАЛИНА.

スターリンの演説が載った新聞（1941年7月3日）

のに貢献した。しかし、戦闘が八月十四日以後も続けられ、歯舞群島まで占領したことや、六〇万人の捕虜をシベリアに抑留したことなど、問題がある。ともあれソ連は、二七〇〇万人を失う犠牲をはらって、ナチ・ドイツを打ち破り、ヨーロッパを救う主力となった。戦勝国として戦後の世界にでたのである。

ソ連軍の占領した東ヨーロッパと北朝鮮には、いたるところに共産主義政党の政府が擁立された。ソ連はもはや一国社会主義の国ではなく、社会主義世界の中心となったのである。

社会主義世界の中心

焦土と化した国土の戦後復興は一層苦しいものであった。一九四六年には飢餓がみまった。平和と開放の短い期間のあとに、冷戦が始まった。西側との対決は、不断の軍拡競争を招いた。国内では、戦争中にゆるんだ統制を再建しようという動きが起こった。恐怖の構造の再構築の試みである。

一九四六年のレニングラードの文学者、ゾーシチェンコとアンナ・アフマートヴァにたいするジダーノフの攻撃はその端緒であった。批判は、映画や音楽界にもおよんだ。その動きは、ついに四九年のレニングラード党幹部抑圧事件とユダヤ人知識人抑圧のコスモポリタニズム批判にいたった。曖昧な容疑で、レニングラードの党組織の第一書記、第二書記とともに、レニングラードから中央党にでた政治局員候補ヴォズネセンスキー、党書記クズネツォフらが逮捕処刑された。コスモポリタニズム批判のなかで、ユダヤ人反ファシスト委員会のメンバーらが逮捕処刑された。そのなかには、外務次

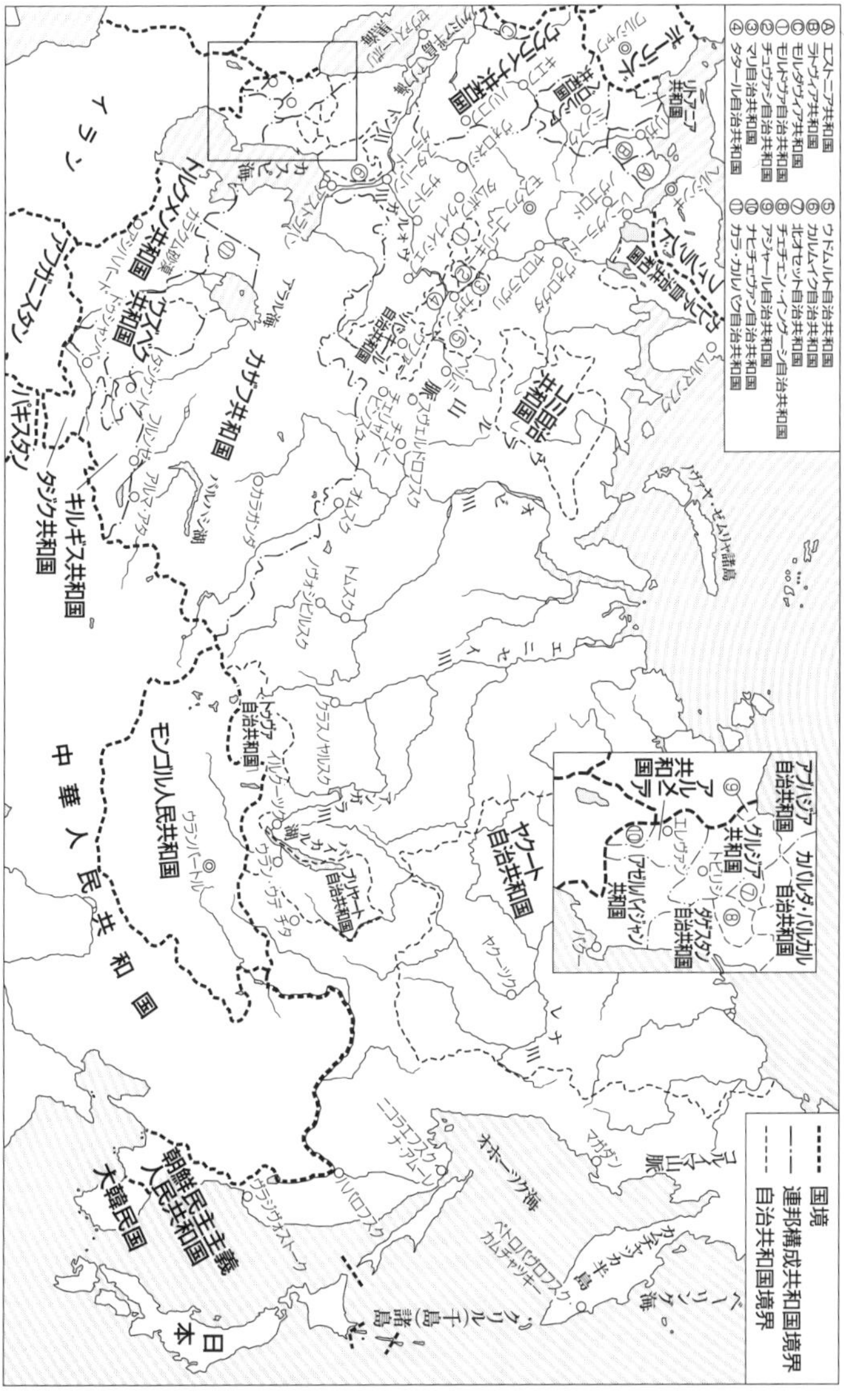

ソヴィエト連邦（1953年）

官ロゾフスキーも含まれていた。

戦後ソ連の権威はますます高く、東ヨーロッパから北朝鮮まで広がった社会主義世界の盟主となった。しかし、ユーゴスラヴィアの自立性と衝突し、一九四八年六月、これをコミンフォルムから破門、追放せざるをえなくなった。アメリカが原爆を保有しているなかで、必死の努力で、ようやく四九年九月に原爆実験をおこなうことができるようになったが、なおアメリカにたいする劣勢は続いた。

アジアでは、スターリンはアメリカとの協定を守り、中国では蔣介石政権を認め、朝鮮では南北分断を認め、日本ではアメリカの単独占領に挑戦することはしないできた。しかし、中国共産党は内戦において国民党軍を打ち破り、一九四九年十月、中華人民共和国の建国が宣言されるにいたった。スターリンは中国革命を認め、十二月には毛沢東をモスクワに迎えて、中国革命とともに立つことを表明することになった。その結果、五〇年一月、日本共産党にたいしてアメリカ占領軍との対決に進むようにうながすとともに、北朝鮮の金日成政権が武力統一の戦争を開始するのを承認するにいたった。

一九五〇年六月、北朝鮮軍の攻撃によって朝鮮戦争が始まると、スターリンはモスクワからこの戦争のすべての面に深く関与した。ソ連は空軍をひそかに参戦させた。中国を全面的に参戦させたので、その補給支援はすべて担ったのである。しかし、戦争は武力統一の目的を達することはできずに終わらざるをえなかった。日本でも共産党の実力闘争は効果をあげなかった。日本と連合国の講和は、五一年にサンフランシスコで結ばれたが、ソ連は中国と連帯して、これには調印しなかった。ヤルタ協定で約束された南サハリンとクリル諸島の領有も、国際的承認をえられないままだった。その意味では、スターリンのアジア政策は失敗であったといえる。逆に朝鮮戦争の過程で、四九年に生まれたNATOは拡大強化され、ヨーロッパでのソ連のあらたな対応を必至にした。

一九五二年十月に開かれた第一九回党大会で、スターリンは「人類の教師」として、世界の共産党の代表から敬意と賛辞を捧げられたが、不安にとりつかれていた。スターリンは、モロトフ、ミコヤン、ベリヤにたいしても不信の目を向けた。五三年一月、党の要人の殺害を企てたとして、クレムリン医師団陰謀が摘発された。社会的緊張が高まった。

スターリン批判

一九五三年三月、あらゆる面で猜疑心をつのらせていたスターリンが死んだ。後継者たちは、社会的緊張を緩和することを願った。赤の広場でおこなわれた葬儀の演説で、後継首相となったマレンコフは、平和共存と消費財生産重視を語った。これにたいして内務大臣ベリヤは、政府が憲法に規定された国民の権利を守るので安心してほしいと呼びかけ、ソ連の多民族構成に注目していることを示唆した。具体的には、大赦令がだされ、食料品価格の引下げが発表された。ベリヤのほうは、ユダヤ人医師団事件の再審を推進し、逮捕者を釈放し、拷問したとして取り調べの責任者を逮捕した。ベリヤの自由主義心は、非ロシア少数民族の擁護と対ドイツ、ユーゴスラヴィア政策の修正にもおよんだ。ベリヤを警戒したフルシチョフたちは結束して、ベリヤ除去に動き、六月にはベリヤは逮捕され、処刑されるにいたった。マレンコフは、ベリヤ除去の党中央委員会総会ではじめて「スターリンの個人崇拝」が病的な規模にいたっていたと指摘したが、この件には同僚たちは消極的であった。

七月に、朝鮮戦争の休戦協定が調印されると、マレンコフは国際緊張緩和の平和政策を唱えた。八月十二日、アメリカに先んじて水爆実験に成功した力が背景にあった。マレンコフは、核戦争に勝者はなく、文明の破滅だと呼びかけた。その平和共存政策と、重工業重視から軽工業重視への転換の提案が結びつけられていた。フルシチョフは、農業の停滞危機を強調して、九月には党第一書記となった。一九五四年には、穀物生産の一挙拡大のため、中央アジア、カザフスタンの処女地開墾を呼びかけ、共産青年同盟員を送り込んだ。この積極策は当面成功し、生産高は五六年には六〇〇〇万トンをこえ、全国生産の五〇％を占めるにいたった。そのような成功を背景に、フルシチョフはマレンコフの軽工業優先政策を批判し、重工業優先論を唱えた。十二月、もと国家保安相アバクーモフが裁かれ、そこでマレンコフの四九年のレニングラード事件への関与がほのめかされた。

マレンコフは一九五五年二月、辞任に追い込まれ、この段階でフルシチョフが党と政府のトップに立った。後任の首相は三〇年代モスクワでのフルシチョフの同僚ブルガーニンとなった。

フルシチョフは内戦時に入党したドンバスの炭鉱夫で、スターリンに忠実であったが、民衆的な気分を保ちつづけた人物であった。彼はトップに立つと、NATOに対処するソ連・東欧八カ国によるワルシャワ条約機構軍を五五年八月に発足させたが、他方ではマレンコフのお株を奪って平和共存政策を推進した。この年、オーストリアと平和条約を結び、日本との平和条約交渉を開始した。五月に、彼はミコヤンとともに関係改善のためにユーゴスラヴィアを訪問した。彼はユーゴとの関係悪化の責任をベリヤにおわせる演説をして、ユーゴ側の反発を受けたが、帰国後の中央委員会総会でなおその見解を繰り返した。八月、フルシチョフは歯舞、色丹島の引き渡しを日本側に示した。しかし、日本側はエトロフ、クナシリ島の返還も要求し、交渉は行きづまった。

　スターリン死後、収容所からでてきた古参ボリシェヴィキの訴えを受けたミコヤンは、一九五五年秋、フルシチョフにスターリン時代の大量抑圧について調査する委員会を設置することを求めた。フルシチョフはこれを受け入れ、ポスペーロフ委員会が設置された。その報告が一九五六年二月に提出されると、指導者たちは愕然とした。二月十三日の中央委員会総会は、スターリン個人崇拝批判を党二〇回大会の秘密会でフルシチョフがおこなうことを決定した。

フルシチョフの演説（スターリン批判）

　翌日、二〇回党大会が開会された。フルシチョフは中央委員会報告のなかで、平和共存、戦争可避論、社会主義への多様な道を主張した。スターリン問題にかんする秘密報告は、最終日の二月二十五日になされた。フルシチョフはこのなかでスターリンの個人的資質に原因を求め、大量抑圧の事実を明らかにし、スターリンの戦争指導の問題性をも指摘した。この秘密報告は、党組織と友党にのみ配布された。だが、六月にはアメリカ国務省がテキストを入手し、英文で全文を発表した。そのあとになって、共産党中央委員会の決定、「個人崇拝とその諸結果について」がだされた。

歴史学者は『歴史の諸問題』誌を中心に、独自にスターリン批判を深めようとしたが、保守派からブレーキがかけられた。

この間、ソ連は西ドイツと国交樹立し、十月十六日には日ソ共同宣言に調印して、日本とも国交を樹立した。領土問題での合意にはいたらなかったが、平和条約後に歯舞、色丹島を引き渡すことが約束された。しかし、この十月、ハンガリーで知識人と民衆のナジ党指導部復活を求める運動が高まり、脅えたゲレ指導部の要請で、二十四日、ソ連軍がブダペストに出動した。復活したナジ政府はソ連軍の行動に抗議し、十一月一日、ワルシャワ条約機構脱退を表明したので、ソ連軍の第二次出動がなされた。カーダール政権が擁立され、ナジはユーゴ大使館に亡命した。

ハンガリー事件はソ連国内に反動的な影響をおよぼし、フルシチョフも自分は「スターリン主義者」だと名乗るようになった。一九五七年初め、スターリン批判の旗手であった『歴史の諸問題』誌が、「レーニン的党派性」から逸脱したと激しく批判され、副編集長ブルジャーロフが解任された。

スプートニクとキューバ危機

フルシチョフは工業管理面の改革に乗り出し、従来の省庁の大半を廃止し、国民経済会議に取り替えるとの決定を強行した。この決定に不満な経済担当の幹部会員と、モロトフ、カガノヴィチ、マレンコフらが結びつき、フルシチョフを解任しようとする企てが一九五七年六月に起こされた。これは幹部会では成功したが、中央委員会が開かれると、フルシチョフは巻返しに成功し、モロトフらを逆に「反党グループ」として解任した。その後、この件で功績のあったジューコフ国防相を解任したフルシチョフは、五八年三月には首相をも兼務して、その権力を絶大なものにした。

この間、一九五七年十月四日には、人類初の人工衛星「スプートニク」の打上げの成功があった。これはソ連の工業化の巨大な成果として、アメリカに与えた衝撃ははかりしれなかった。ここから核兵器開発競争に加えて、米ソは熾烈な宇宙開発競争に突入していくのである。スプートニクの成功という力を背景に、フルシチョフは対米外交に乗り出し、一九五九年にははじめて訪米して、アイゼンハワー大統領との会談を実現した。この対米接近は中国との関係が緊張するなかで進められたもので、六〇年に中国は公然と「修正主義」批判を開始した。

人工衛星「スプートニク2号」(レプリカ)

スターリン批判には、一度はブレーキがかけられたが、再審により百万をこえる人が釈放され、百万人近くが死後名誉回復された。これらの人々、その家族たちの存在が、第二次スターリン批判を必至にした。他方で、フルシチョフの平和共存軍縮路線はU‐2機の侵入撃墜事件で難航した。フルシチョフは一九六一年八月、ベルリンの壁の構築に進んだ。対米緊張緩和に批判的な中国との関係は、ソ連派遣技術者のいっせい引上げののちに、決定的に悪化していた。また、農業について、高すぎる目標値をかかげた七カ年計画の実行は、混乱を生んでいた。

このなかで、一九六一年に開かれた二二回党大会は、七〇年までにアメリカに追いつき、追いこし、八〇年には共産主義の時代にはいるという、新しい空想的な共産党綱領を採択したが、それとともにフルシチョフは、公然とスターリンとその一党の罪を告発し、第二次スターリン批判を開始した。彼はソ連社会のなかに動く志向に乗ることで、自らの政治的地位を強めようとしたのであろう。大会は、スターリンの遺骸をレーニン廟からだすと決定した。こののち、あらゆる分野でスターリン批判が下から進められることとなった。六二年には、ラーゲリ生活を描いたソルジェニーツィンの小説『イヴァン・デニーソヴィチの一日』が雑誌『ノーヴイ・ミール』に掲載され、大きな反響を呼んだ。この雑誌は、六〇年代の精神的中心となる。

しかし、一九六二年にはアメリカがキューバに侵攻し、革命政権が打倒されるのを防ぐためにキューバに核ミサイルを配備したことから、アメリカとのあいだに核戦争瀬戸際までいく危機が発生した。フルシチョフは、最終的にアメリカの要求に譲歩して、ミサイルの撤去に応じ、戦争を回避した。以後フルシチョフは、アメリカとの協調政策を進めて、六三年には部分的核実験停止条約を結んだ。この経過に、国内でも軍部は強い批判をもったし、中国もフルシチョフ修正主義との批判をあびせた。

経済面では、国民経済会議を地方に分散させ、過度の中央集権化を修正する積極的な試みがなされたあと、一九六二年には、党機関を工業指導と農業指導の二機関に分けるという改革が断行され、強い反発を引き起こした。農業面では、処女地開墾の結果が、風による表土の浸蝕というかたちであらわれ、数百万ヘクタールの開墾地が失われた。また、とうもろこしの作付けを休閑地にまで一率拡大した結果、六三年には不作を招いたのは致命的であった。ここにいたって、フルシチョフに反対する部下たちはクーデタに向かった。六四年十月、スースロフ、ブレジネフらは幹部会で合意したうえ、保養地からフルシチョフ、ミコヤンを呼び戻し、フルシチョフに退陣を迫った。フルシチョフはやむなく健康上の理由で辞任することを受け入れ、後任には第一書記にブレジネフ、首相にコスイギンが就任した。

文明の成熟と閉塞

ブレジネフは職業技術学校出の農業技師で、一九三〇年代に党の州委員会書記を振出しに、昇進してきた典型的な党官僚であった。ブレジネフ、コスイギンはフルシチョフの農業政策をもとに戻し、六五年には、利潤指標によって経営に刺激を与えようとする経済改革を実施した。しかし、基本的なシステムには手をふれなかったため、改革は進まなかった。第二次スターリン批判で活発化した知識人たちは、スターリン批判の徹底化から進んで、社会の民主化を求める動きをみせていたが、新政権は、六六年二月の文学者ダニエルとシニャフスキーにたいする裁判を皮切りに、知識人への締めつけを強めた。スターリン批判を打ち切り、歴史の見直しに封印するのが、スターリン時代に社会的上昇をはたしたブレジネフたちの考えであった。六八年にチェコで始まったドプチェクらの「人間の顔を

ソルジェニーツィン

Aleksandr Isaevich Solzhenitsyn (1918～2008)

文学者のスローガンは、ゾラ以来、「われ告発す」であった。文学者の告発の力をソ連においてこのうえなく示したのは、ソルジェニーツィンの作品『収容所群島』だった。

彼は一九一八年生まれ、大学卒業とともに、始まった独ソ戦争の前線に向かった。四五年二月、砲兵大尉であった彼は、ドイツ領内で逮捕された。理由は、小学校時代の友人との文通のなかで、その名を伏せながら、スターリンについて「不用意な言及」をしたためであった。逮捕後、カバンのなかに発見された彼の小説の原稿も、追加的に告発の資料とされた。八年の刑を宣告された彼は、初め普通の収容所、のち科学者用の特殊収容所にいれられ、五〇年からは中央アジアの政治犯収容所で肉体労働をした。五三年に釈放されたのち、ガンを病み、回復後、五六年に追放を解かれ、ヨーロッパ・ロシアへ戻った。翌年名誉回復され、リャザンの中学校の教師となり、ひそかに書いた『イヴァン・デニーソヴィチの一日』が六二年に雑誌に発表され、一挙に国内外に知られるようになった。だが、六六年には長編小説『ガン病棟』の発表が許可されず、これが西欧で出版されたことで、文学界の保守派と共産党中央委員会から非難を受けるにいたり、六九年には作家同盟から除名処分を受けた。七〇年にノーベル文学賞を与えられたあと、七三年に国外で発表したのが『収容所群島』である。

この作品は、ロシア革命以後の権力が収容所によって支えられていること、収容所とはいかなる現実かということを、迫真的な文章力、構成力で、おそろしい程に示してみせたのである。その作品はソ連政府を脅えさせ、本人に国外追放、国籍剥奪の処分を招いた。

ソルジェニーツィンは、一九七五年にアメリカへ移住した。八六年にペレストロイカが始まると、帰国を求める声が起こったが、彼は九〇年に『ロシアをいかに住みよくすべきか』というパンフレットを発表しただけで、国外にとどまった。彼がようやく帰国したのは九四年のことであったが、社会主義を脱したロシアは、思いがけない崩壊に向かっているとみえた。悶々とした作家は、九八年に『崩壊のなかのロシア』を書く。描き出される解体の事象はおそろしいものである。第一部の「権力の圏内」では、国家の解体状況が描かれ、第二部「見すてられた人々」では、難民化した人々、農民、軍人の困難な生活が描かれている。第三部「絡み合う民族」では、ロシア人が民族として自立し、国家を成り立たせる役割を自覚的に担えないでいる現実が描かれる。

だが、現実の告発は力強いが、打開策の提案になると、悲しいかな、ソルジェニーツィンの議論も、さほどの力をもっていない。地方自治から連邦を組み上げなおせというのはよい。しかし、そこに帝政期にあった地方自治の制度たるゼムストヴォへの回帰を持ち込んで、全国会議（ゼムスキー・サボール）の再現をねらうところがどうしようもなく幻想的にみえる。ゼムストヴォは、身分的・職能的な代表制に基礎をおいていたが、同時に、地方名望家としての地主貴族のヘゲモニーによって支えられていた。今はそれはないのである。貴族はなく、共産党もない。地方自治の主体は市民でしかありえないだろう。それをどのようにつくりあげていくかが、ロシア再生の鍵である。

ブレジネフ（前列右）**とチェルネンコ**（前列左）

した社会主義」の試みは許されず、ソ連軍はプラハへ侵入し、ドプチェク政権を打倒した。この挙に抗議する赤の広場の五人のデモも含め、以後は一層厳しく異論派への弾圧が加えられた。

ブレジネフ体制は、一九六七年の週休二日制導入など、民衆に利益を与え、かつ私生活の自由を認めた。公的生活に自らの独自の意見を表明する者は抑圧されるが、私生活でなら禁書を読むことも容認された。それで知識人の大半の忠誠を確保したのだが、ここから建前と本音の使い分けが生じてくる。この使い分けを拒絶して、自分の見解をタイプ・コピー（サミズダート）で広める人が異論派である。サミズダートは国外で出版されて、逆輸入されてくる。七〇年代初め、国外出版の代表作は、ソルジェニーツィンの『収容所群島』とロイ・メドヴェージェフの『歴史の審判を求めて』（邦訳名『共産主義とはなにか』）であった。異論派の抵抗は七〇年代一杯細々であれ続けられたが、弾圧にはソルジェニーツィンの国外追放で始まった国籍剥奪の手段がしばしば用いられた。

ブレジネフ時代の始まりは、アメリカのベトナム戦争の開始と合致していた。ソ連は北ベトナムを支援しつつ、アメリカとの核兵器のパリティ（互角）を達成すべく努力し、ついに基本的にこれをはたした。中国との衝突は、一九六九年のウスリー川の浮き洲、珍宝島での軍事衝突にいたった。それでもベトナム戦争中は、中ソ両国はベトナム支援の同じ陣営にいた。ベトナムで敗北したアメリカは、中ソ対立に乗じて中国との和解を進め、ソ連はソ連でアメリカに対抗して、アンゴラ支援などアフリカで勢力の拡大をはかった。

しかし、ソ連社会は公私の使い分けから建前の空洞化が進み、腐敗と停滞、労働規律の弛緩、経済の失速があらわれてきた。この現実をしばらく覆い隠したのは、石油価格の高騰からくる、ソ連石油輸出の高利益であった。一九七七年には、新憲法が制定された。成熟した国家社会主義の体制がこの憲法に表現されたのだが、最高会議幹部会議長という元首のポストを兼務した党書記長ブレジネフが統括するこの体制は、すでに危機前夜の状態に近づいていたのである。政権の判断理性が失われていることを示したのが、七九年のアフガニスタンへの介入と軍事侵攻であった。ブレジネフ政権は、ただ一人アフガン侵攻を批判したサハロフを、八〇年一月、ゴーリキーへ行政流刑した。

老いたブレジネフが一九八二年に七十六歳で死んだあとは、国家保安委員会議長を長く務めた六十八歳のアンドロポフが書記長となった。彼は知的なブレーンをかかえ、改革の必要性を鋭く認識していたが、綱紀粛正に手をつけただけで、病気に倒れてしまった。結局、彼の最大の功績は、若いゴルバチョフの能力を認め、将来の指導者候補としたことであった。アンドロポフが八四年に死ぬと、その後任には、ブレジネフの忠実な部下で、アンドロポフよりも年上のチェルネンコがなった。これは最悪の人事であった。彼も一年後に病気で死んだ。

第5章　第三のモスクワ

ゴルバチョフとペレストロイカ

ソ連体制の危機の絶頂で、一九八五年三月、五十四歳のモスクワ大学法学部卒のゴルバチョフが書記長となった。彼は、グラスノスチの意義を主張して登場した。八六年二月の第二七回党大会では、新しい党綱領が採択され、万事テンポをあげて建設を進めるという「加速化」の戦略が決められたが、それはいまだ彼の改革の開始ではなかった。ゴルバチョフが、ソ連社会の全面的なペレストロイカ（建て直し）が必要だといいだしたのは、四月のことで、チェルノブイリ原発の事故の直前である。四月十六日のこの破局的な事故ののち、ペレストロイカの路線が党中央委員会で承認されるにいたる。七月末にハバロフスクで、ゴルバチョフはペレストロイカとは革命だと宣言して、世界を驚かせた。ペレストロイカは、グラスノスチと新思考外交によって始まった。グラスノスチは、当初の「公開性」という意味から、本来の「言論の自由」という意味に徐々に変わっていった。

一九八七年は、ペレストロイカ元年となった。一月には「社会の民主化」が打ち出され、六月には、企業の自主管理と独立採算制が決められた。しかし、革命七〇周年の記念演説では、ゴルバチョフは保守派に妥協せざるをえなかったので、いらだった革新派エリツィンは、一人で保守派リガチョフと対決して、モスクワ党の責任者と政治局員候補の地位から去った。この年ゴルバチョフは訪米し、十二月八日、レーガン大統領と中距離核兵器（ＩＮＦ）全廃条約に調印した。新思考外交の最初の成果であり、冷戦の終わりの始まりであった。翌年初めには、アフガニスタンからの撤兵をおこなった。しかし、民主化の開始のなかで噴出する民族主義がもたらす悲劇的な衝突が起こった。ナゴルノ・カラバフ自治州のアルメニア系住民が、アルメニアとの統一を要求したことから、アゼルバイジャン人との対立が始まり、スムガイトでアルメニア人への襲撃・殺害事件が発生したのである。

INF全廃条約に署名するゴルバチョフ（左）とレーガン（右）

一九八八年三月、ゴルバチョフを取り巻く改革派を攻撃し、スターリンを擁護するニーナ・アンドレーエヴァの論文「原則を踏みはずすな」が『ソヴィエト・ロシア』紙に掲載されると、教条主義派の活動は活発化した。ユーゴスラヴィアから帰ったゴルバチョフは、巻き返し、この論文を弾劾する論文を『プラウダ』に発表させることに成功した。「ペレストロイカ、第二の息吹き」といわれる時期が始まり、スターリン批判が制約なしにおこなわれるようになった。教条主義派を抑えこまないと、経済改革は進まない。個人営業と協同組合の組織が自由化された程度では、自発的な動きが広がってこないのである。ゴルバチョフは一層の政治改革を覚悟し、六月の第一九回党協議会で、人民代議員大会と最高会議を組み合わせた新しい国政の仕組みを決定させた。

一九八九年は、連邦人民代議員選挙で始まった。はじめて複数候補で自由な選挙がおこなわれた。エリツィンは選挙に大勝し、政界カムバックをはたした。モスクワやレニングラードでは、共産党幹部が軒なみ落選した。議会制民主主義への第一歩が踏み出されるとき、共産党はひとつの政党として

ゴルバチョフ

Mikhail Sergeevich Gorbachyov
(1931〜　)

ペレストロイカは、ロシア語で「建て直し」という意味の平凡なことばである。その平凡なことばに特別の政治的意味をこめて、ゴルバチョフが使い始めた最初は、一九八六年四月のトリアッティ市の労働者集会でのことであった。「考え方と心理、組織、仕事のスタイルと方法におけるペレストロイカから始めなければならない」。チェルノブイリの原子力発電所のあの破局的な事故をへて、この認識は路線として、六月の中央委員会総会で提起された。「経済分野だけでなく、社会全体のペレストロイカ」が必要であると。そして七月、ハバロフスクの演説で、ゴルバチョフは「ペレストロイカということばと革命ということばを

イコールでつなぎたい」といいきった。

　そのときのゴルバチョフが、ペレストロイカ革命の射程をどれ程のものと考えていたかは定かにはわからないが、社会主義の新しいモデルを求めるというような認識であったことは間違いない。しかし、その後の事態の進行は、ゴルバチョフ自身の思惑をこえていったのである。

　ゴルバチョフはモスクワ大学を卒業すると、郷里のスタヴローポリ地方のコムソモールで働き、コムソモール地方委員会の第一書記から、党地方委員会の第一書記に昇進するという優等生コースを歩んだ人であった。彼にはアンドロポフ書記長の期待がかけられ、未来の書記長候補として、イギリス、カナダなど、外国を見て歩いたし、また大学の同級生で、よき助言者であったライサ夫人の助けもあった。

　だが、思いきった改革をやろうと考えて、外交政策の「新思考」を打ち出し、自由言論（グラスノスチ）を党外で実験することによって、ゴルバチョフはそれまでの軌道からとびだしてしまった。党内基盤が弱いため、党組織の外でしか改革はできなかった。その結果が、党を麻痺状態におとしいれた。それは彼の本意ではなかったろう。

　党が麻痺すると、ソ連邦が分解することになった。そして経済は混乱した。こういう結果は、ゴルバチョフの予想をこえたものであった。

　ゴルバチョフは、ソ連社会主義を終焉させるのに巨大な役割を演じたのだが、にもかかわらず、ロシア国内ではゴルバチョフは不人気である。人々は、ゴルバチョフに欺かれたという感情をもっているようだ。しかし、ゴルバチョフにはそんなつもりはなかったはずだ。

　空港から都心にはいる大通りに面して、ゴルバチョフ財団の建物が立っている。その財団の会長室で会ったゴルバチョフは、少し落ち着かないように見えた。

平等な競争の場で争い、勝ち残っていく力をみせなかった。年末、東欧の激動をゴルバチョフは受け入れ、そのことを通じてアメリカとの最終的な和解に到達した。世界戦争の時代は終わったのである。

一九九〇年は、文字どおりペレストロイカの転機の年となった。民主化の進展で共産党書記長の権力は激しく落ち込み、ゴルバチョフは共産党の指導的役割を規定している憲法第六条を廃止し、大統領制を導入し、最高会議で初代の連邦大統領に就任した。共和国、州、市のレヴェルで完全に自由な選挙がおこなわれ、新しい議会とそこから選ばれた新しい政府が生まれた。エリツィンがロシア共和国最高会議議長に選ばれ、事実上の大統領となり、急進改革派がモスクワ、レニングラードの市政を握った。共産党はロシア共和国では野党に転落した。この結果、連邦構成の一五共和国が実質的に国家化していくのは避けられなかった。バルト三国は、リトアニアの九〇年三月十一日宣言を皮切りに、四〇年の併合を無効として、独立を宣言する方向へ向かった。ロシア共和国は、連邦構成共和国のなかでもっとも名目的な存在であったが、これが六月に主権宣言を採択して、実質化をめざすと、連邦国家に鋭い亀裂がはしることになった。事実上、モスクワに二重権力状態が生まれ、法律戦争が起こったのである。連邦の危機であった。ゴルバチョフは、バルト三国の独立をあくまでも認めず、リトアニアにたいして経済封鎖をおこなったが、流れを変えることは不可能であった。

共産党は、イデオロギー的にも組織的にも危機を深めていた。教条主義派はゴルバチョフの指導権に挑戦して、これまでソ連共産党のなかにはなかったロシア共産党をつくるという動きを起こした。これが六月に実現し、保守的なロシア共産党が生まれた。七月のソ連共産党第二八回党大会では、ひきつづき教条派と中間派が多数を占めた。ゴルバチョフとしては党のペレストロイカを断念し、書記長ポストは握りつづけ、中間派とくんで、リガチョフ副書記長をつぶすという戦術をとるしかなかった。政治局は、政治の実権をもたない合議体に変えられた。

八月、ゴルバチョフはエリツィンとくんで、市場経済への全面移行のための五〇〇日計画、経済改革案を準備させた。連邦の分解は、連邦の枠での分業に立つ経済の一体性を損ない、経済の混乱と物資不足がますます深刻になっていた。決定的な方策をとることが必要だったのである。しかし、ゴルバチョフは批判の前に動揺した。バルト三国の独立は認められないという気持ちも、彼の前進を阻んだ。ゴルバチョフは、保守派、民族派、軍部の突上げで迷走を始める。

ついに一九九一年一月、リトアニアで下からのクーデタとでもいうべきことが起こった。軍部が独走してヴィリニュス・テレビ局を占拠した。抵抗した市民七人が殺された。ゴルバチョフはこれを認知しなかったが、占拠の解除も責任者の処罰もなしえなかった。こののち、彼は日本を訪問した。力を失った身で五六年の共同宣言での歯舞、色丹島の引き渡しの約束を再確認することもできなかった。しかし、四月にゴルバチョフは思いきって、エリツィンらと和解し、共和国主体の新連邦をめざす道に立った。六月のエリツィン大統領の公選を祝福して、新連邦条約の調印に向かったのである。しかし、ゴルバチョフを支えてきた保守的中間派はこの転換を許さず、クーデタを決行した。

ソ連邦の終焉

クーデタの中心になったのは、国家保安委員会、内務省、国防省と軍、大統領府の責任者たちであり、これに副大統領と首相が誘い込まれたのである。八月十八日、クリミアの別荘でゴルバチョフにたいし非常事態宣言への同調か、辞任かを求めて拒否されたクーデタ派は、ゴルバチョフをそのまま監禁しておいて、十九日朝に大統領病気につき副大統領が職務を代行する、あわせて国家非常事態委員会を設置すると発表した。同時に、モスクワ市内には戦車、装甲車が導入された。

ロシア共和国の首脳は躊躇《ちゅうちょ》することなく、事態を不法なクーデタと宣言し、国民に決起を呼びかけた。モスクワとレニングラードでは、翌二十日に市民の大集会が開かれた。この日、首都では夜間外出禁止令がだされるなかで、エリツィンらがたてこもるロシア共和国最高会議会館（ホワイトハウスをもじってロシア語で「白い家」と呼ばれている）にたいする国家保安委員会特殊部隊と空挺部隊の攻撃が命令された。しかし、市民が防衛の決意を示すと、空挺部隊も特殊部隊も命令を拒否し、クーデタは失敗に終わった。その夜、不幸にも装甲車とバリケードの市民が衝突し、三人の青年が死んだ。

八月二十一日、ロシアのルツコイ副大統領がクリミアに赴き、ゴルバチョフをモスクワへ無事帰還させた。クーデタは急速に革命に転化し、ソ連共産党が打倒された。共産党のどのような組織も書記長のために立ち上がらなかった。共産党は政治的には死んでいたのである。八月二十二日、カザフ大統領でカザフ党第一書記のナザルバーエフが、ソ連党政治局員、中央委員を辞任し、カザフの国家機関の非党化を命令したのが口火となって、二十三日、エリツィンがロシア共産党の活動の停止命令をだした。その翌日、ゴルバチョフは党書記長を辞任し、ソ連党中央委員会に自主解散を求め、共産党資産の全面接収の大統領令をだした。ここにおいて、ソ連共産党は解散となった。

ソ連政府の要人がクーデタを起こし、ロシア政府が猛然とこれと闘ったということの帰結は、連邦にたいしてロシアが完全に国家となったということであり、それはロシアが連邦に取ってかわっていくということでもあった。この動きに不安を感じたウクライナの民族主義者は、八月二十四日、ウクライナ独立を最高会議で決議した。これが各共和国に波及した。ロシアが国家となり、ウクライナが独立を志向すれば、ソ連邦も終焉のときを迎えたことは明らかであった。

ホワイトハウス前の戦車の上で演説するエリツィン（1991年8月19日）

九月二日の連邦人民代議員大会は、一〇共和国とゴルバチョフの合意である主権国家連合をめざし、旧連邦機構を廃止し、暫定的な中央機構をつくりだすという案を承認した。以後、ゴルバチョフは各国大統領からなる国家評議会を通じて、バルト三国の独立を承認したうえで、残る共和国で国家連合をつくり、主権国家としての中央政府を残す条約の締結をめざした。しかし、ウクライナが一貫して反対するもとでは、これは成り立たず、三カ月が空費された。

十二月一日のウクライナ国民投票の圧倒的な独立支持とクラフチュク大統領当選ののち、ロシア、ウクライナ、ベラルーシ三国首脳は、十二月八日、ベロベーシで密かに独立国家共同体協定に調印し、ソ連邦終結を宣言した。これはある意味で、八月革命の流れを完成する行為であったといえる。ゴルバチョフが激しくこれに抵抗したが、中央アジア諸国とザカフカースの二国、モルドヴァが加わって、十二月二十一日、一一カ国首脳のアルマ・アタ宣言がだされた。ユーラシアの地の独立国家共同体が誕生したのである。ソ連邦国家が一五の独立共和国に分れ、うち一一カ国がゆるい共同体をつくったという、この帰結はまさに連邦制という名目の制度が最後の瞬間に実質化され、変革を助けたものといえる。十二月二十五日、ゴルバチョフはソ連大統領のポストを辞任し、クレムリンを去った。クレムリンのポールからソ連国旗がおろされ、白青赤のロシア国旗が上がった。

世界戦争の時代に生まれた国家社会主義の体制は、世界戦争の時代が終わるとともに、体制の終わりを迎えることになったのである。

エリツィンの変革

エリツィンは、共産主義の体制を全体主義とみなして、急速にソ連時代の遺産から絶縁しようとした。彼は、経済危機の打開を若いガイダール首相に委ねた。ガイダールは、一九九二年一月二日に価格自由化を宣言した。物価は急激に騰貴した。だが、このショック療法で経済が立て直されたわけで

現在のロシア連邦

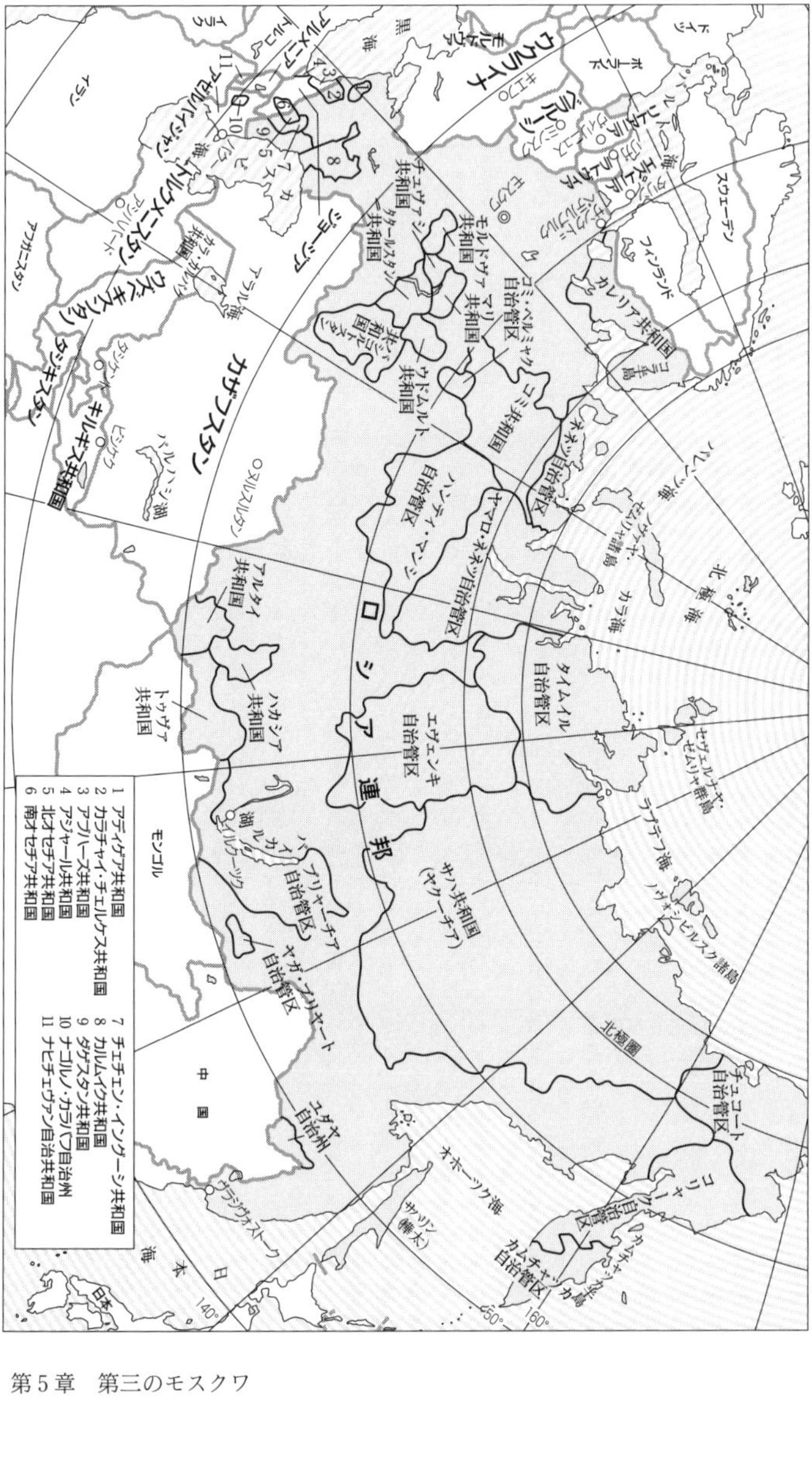
ロシア連邦
カザフスタン
ウクライナ
ベラルーシ
ウズベキスタン
トルクメニスタン
キルギス共和国
タジキスタン
アゼルバイジャン
アルメニア
モンゴル
中国
日本
フィンランド
スウェーデン
エストニア
ラトヴィア
リトアニア
北極海
バレンツ海
カラ海
ラプテフ海
オホーツク海
日本海
カスピ海
アラル海
バイカル湖
北極圏
カレリア共和国
コミ共和国
ネネツ自治管区
ヤマロ・ネネツ自治管区
ハンティ・マンシ自治管区
タイムイル自治管区
エヴェンキ自治管区
サハ共和国（ヤクーチア）
チュコート自治管区
コリャーク自治管区
カムチャツカ自治管区
ユダヤ自治州
アルタイ共和国
ハカシア共和国
トゥヴァ共和国
ブリヤート共和国
アガ・ブリヤート自治管区
ウドムルト共和国
マリ共和国
モルドヴァ共和国
チュヴァシ共和国
タタールスタン共和国
バシコルトスタン共和国
コミ・ペルミャク自治管区
1 アディゲア共和国
2 カラチャイ・チェルケス共和国
3 アブハーズ共和国
4 アジャール共和国
5 北オセチア共和国
6 南オセチア共和国
7 チェチェン・イングーシ共和国
8 カルムイク共和国
9 ダゲスタン共和国
10 ナゴルノ・カラバフ自治州
11 ナヒチェヴァン自治共和国

はなく、解体はさらに進んだ。賃金だけでは生活できない公務員、学校の教師たち、年金で暮らしていけない老人たちが、共産党の支持にまわり、議会は政府批判を強めた。

議会との衝突は、一九九二年から憲法改正案をめぐって深刻化した。エリツィン大統領は、大統領が議会を解散する権限を確保する憲法改正を求めたのにたいして、ハズブラートフ議長を中心とする議会側は大統領の権限を縮小し、大統領制の廃止すら構想した。対立は外交政策にもおよび、対日政策に積極的な態度を示そうとしたエリツィンは、領土問題にかんする議会の厳しい立場を考えて、九二年九月、日本訪問を前夜にキャンセルすることをよぎなくされた。十二月、対立のゆきつくところ、エリツィンはテレビを通じて、国民投票を実施し、決着をつけることを表明したが、議会は猛反発し、このときは妥協が成立した。ガイダールにかわって、石油産業を代表するチェルノムイルジンが首相として承認された。

だが、合意された憲法の基本にかんする国民投票の実施を議会がサボタージュしたため、一九九三年は対立がふたたび激化していった。四月二十五日、エリツィンは大統領の信任と経済政策の支持を問う国民投票を実施し、信任と支持をえた。しかし、大統領と議会の対立はさらに続いた。副大統領ルツコイが、この対立のなかで議会側に接近した。

一九九三年九月二十一日、エリツィンは議会を解散する挙にでた。議会はこれを大統領のクーデタとして、解散を拒否した。逆にエリツィンの大統領職を停止し、副大統領ルツコイが大統領代行になることを宣言した。議会側はホワイトハウスにたてこもり、武装した。エリツィンは議事堂の電気を切って、圧力を加えた。アレクシー総主教の仲介も効を奏さず、対立の末に、十月三日、議会側が出撃して、市庁舎とテレビ・センターの占領に向かった。エリツィンは戦車隊を動かし、十月四日、ホワイトハウスに砲撃を加えさせた。三時間の砲撃の末、議会側は降伏した。死者は、公式発表で一四五人であった。

エリツィンは、この勝利の一週間後日本を訪問し、四島の帰属について解決をはかるという東京宣言をだした。しかし、エリツィンの勝利はもろいものだった。一九九三年十二月十日、国民投票でエリツィン憲法は承認されたが、十二日に実施された下院、国家ドゥーマ選挙では、極右のジリノフスキーの自民党が比例区で第一党となり、エリツィンの与党「ロシアの選択」は第二党にあまんじた。小選挙区とあわせても、自民党と共産党の議席は、与党連合を上回った。エリツィンは、ひきつづきチェルノムイルジン首相、チュバイス副首相のもとで、民営化を推進した。国営企業の民営化にあたっては、国民に国有財産の権利を証券にしたバウチャーを配る制度がとられたが、結果的には、地位の利用を辞さなかった抜け目のない旧エリート層が、バウチャーを二束三文で買い集め、きわめて安価に国有財産を手にいれ、新時代の事業家にのし上がっていった。貧富の格差が大きくなり、全般的に生活水準が低下した国民大衆を背景に、「新しいロシア人」と呼ばれる富裕な階層が出現した。

チェチェンのドゥダーエフ大統領は独立に固執し、中央政府と衝突した。エリツィン政府は一九九四年十二月、チェチェンに軍隊を送った。チェチェン軍の抵抗は激しく、ロシア軍は大量の犠牲をだした。作戦は泥沼化した。ロシア軍のなかからも批判がでてきて、レーベジ将軍はチェチェン側との停戦協定の推進を主張した。停戦協定は、九五年十二月に結ばれた。

一九九六年六月、大統領選挙で、エリツィンは共産党のジュガーノフと争ったが、そのほかにレーベジ将軍も立候補した。選挙の結果、エリツィンはジュガーノフをわずかに凌駕し、決選投票となった。彼はレーベジに提携を求め、政権への取込みをはかった。七月の決選投票で、エリツィンは勝利した。レーベジは安全保障会議書記に就任したが、ほどなくして、解任された。しかし、十一月には、エリツィンは心臓の手術を受け、手術は成功したが、健康は戻らなかった。

救世主聖堂とテロ

一九九七年はモスクワ開都八五〇年にあたり、ルシコフ市長はモスクワをショーアップする計画に乗り出した。計画の柱になったのは、クレムリン近くにあって、スターリン時代に破壊された救世主キリスト聖堂を再建すること、モスクワ川にピョートル像を立てること、マネージ広場に地下商店街をつくることである。救世主聖堂とマネージ広場の地下商店街は、九月の開都祭までに完成した。さしあたり外国の商店ばかりであるようだが、ともあれモスクワ新名所である。もっとも、モスクワ川のピョートル像は醜悪で、誰も語る人はいない。開都八五〇年祭に向けて、モスクワは大掃除をし、夜もライトをつけて、ショーアップすることになり、驚く程の美しさである。うわべだけの華やかさではあるが、資本主義ロシアの富を集中しているかのごとく、繁栄をあらわしているのも事実である。

この年、重要なことは、NATOの東方拡大に警戒心を強めたロシアが、ウクライナとの和解を求めて、八月に両国間の友好協力条約を結んだことである。ロシアはセヴァストーポリ海軍基地を含め、クリミア半島がウクライナに所属することを認めた。同じ気持からエリツィンは、日本の橋本首相の友好路線に積極的に反応して、二〇〇〇年末までに平和条約を締結するよう努力すると表明した。

だが、悲劇は翌年にみまった。一九九八年八月、国際的な通貨金融危機がロシアを直撃した。ロシアは国債に法外な利子支払いを保証して、それを売り出して、国家財政の赤字をうめていたのだが、キリエンコ首相は、国債の利子支払い、償還を停止すると発表することをよぎなくされた。事実上の国家破産宣言であった。国債の投機的取引で成長したロシアの銀行は致命的な打撃を受け、倒産があいついだ。銀行の信用は地に落ちた。ルーブルの相場は急激に下落し、国民は多くを失った。

再建されたモスクワの救世主キリスト聖堂

エリツィンはこの危機に際して、議会の共産党と妥協をはかり、その推薦するプリマコフを首相に、マスリュコフを経済担当大臣にすえた。大統領の健康も一層悪化した。プリマコフ首相は事態を収拾して、安定化をはかった。やがて、二〇〇〇年の大統領選挙が近づくと、プリマコフは出馬を考え、ルシコフ・モスクワ市長と接近し、両者の提携が進んだ。これは、明確に反エリツィンの同盟であった。

エリツィンは、プリマコフを一九九九年五月に解任し、スチェパーシンを首相に任命した。スチェパーシンはチェチェンの事態で慎重な態度をとり、エリツィンに好まれず、九九年八月、解任された。後任には連邦保安局長官プーチンが任命された。その直後の九月、首都モスクワで共同住宅を深夜爆破し、倒壊させるというテロ事件が二件発生した。プーチンはチェチェンの民族主義者だとされた。テロは北カフカースでも起こった。プーチンはチェチェンにたいする強硬路線をとり、国民の喝采をあびるようになった。にわかにプーチンは、政治家の人気にかんする世論調査でトップにおどりでるようになった。年末、エリツィンは大統領を辞任し、プーチンを代行に指名した。

プーチンは一九五二年生まれ、レニングラード大学法学部卒業で、国家保安委員会に就職し、東ドイツで勤務した。ペレストロイカのなかで、ペテルブルクの市長のブレーンに迎えられ、九四年に中央政府に呼ばれた人であった。彼の理想は「強いロシア」であり、秩序と規律である。プーチンはチェチェン侵攻作戦を断行し、民族主義的熱狂のなかで、二〇〇〇年三月、大統領に当選した。

プーチンは国民の強い期待を受け、権力の強化をてこに経済社会の安定をつくりだそうとした。地方に大統領の全権代表を派遣し、官製の青年運動を組織させ、テレビ局を買い取った。二〇〇三年石油王ホドルコフスキーを脱税で投獄するなど、オリガルヒと呼ばれる新興財閥の力をそぎ、国家の手に富を握り直した。おりから石油価格の高騰により、経済の活況が生じ、国民生活も向上をえた。

外交面では、プーチンは二〇〇一年三月のイルクーツク声明で、日本との領土問題解決への意欲を示した。〇一年の9・11以後はアメリカの対テロ戦争に協力したが、イラク戦争には反対した。〇四年、中国との国境問題の解決をはたしたことは大きな成功であった。この年、プーチンは二期目の大統領選で当選した。しかし、直後北オセチアであった最悪の学校占拠テロ事件は打撃であった。

二〇〇八年には三選禁止の憲法の規定でプーチンは退陣しなければならなかった。すると第一副首相で、十三歳年下のドミトリー・メドヴェージェフを大統領にかつぎ、自らはその首相になるという奇想天外な手をうった。メドヴェージェフは元レニングラード大学法学部講師で、ペテルブルク時代からのプーチンの同僚であった。プーチン大統領のもとでは、大統領府副長官から長官をつとめた。

メドヴェージェフはKGB出身のプーチンと異なり、リベラルであり、法を尊重すると期待されたが、彼の大統領時代の政策はプーチン時代と基本的に変化はなかった。二〇〇八年末グルジアとの戦争となった。メドヴェージェフも日本との関係を改善しようとしたが、成功せず、一一年に大統領としてはじめて国後島《くなしり》を訪問し、波紋をよんだ。

二〇一二年春、メドヴェージェフの任期が終わると、予想通りプーチンが大統領選挙に出馬して当選し、メドヴェージェフが首相になった。しかし、今度は投票前から反プーチンの市民の運動がおこった。インターネットを利用した、新しい市民運動はロシア民主主義の可能性を示すものである。

強い権力がロシアを救うということは変わらぬロシア史の事実であるが、ロシアは解放されねばならないという叫びも消えることはなく、たえずよみがえってくるのである。

あとがき

ロシア史を勉強する歴史家としては、ロシア史についての生き生きとした通史を書くということは夢である。問題は、どれぐらいの分量で書くかということである。山川出版社では、世界各国史のシリーズに『ロシア史』があるし、また世界歴史大系シリーズの『ロシア史』（全三巻）もある。どちらにも私は共同執筆、あるいは共同編集に参加してきた。そういうものと比べてみて、本書は通史としてはもっとも短いものであるが、それを単独で執筆することが求められたのである。それは歴史家にとっては、ありがたいことであった。

もっとも、私はこれよりやや短い分量のロシア史を一九八〇年代末に書いている。『週刊朝日百科　世界の歴史』に連載したのである。それを集めて一冊にしたものが、一九九三年に刊行された地域からの世界史シリーズ（朝日新聞社）の一巻、『ロシア・ソ連』である。内容的には、本書は『ロシア・ソ連』に大幅に加筆し、書きたしてできたものといえる。もともとの成り立ちから、十八世紀初めのロシア史、十八世紀なかばのロシア史、十八世紀終わりのロシア史というふうに、世紀を二つに分けるか、三つに分けるかして、その時期のロシア史を書いたものを集めてできた前著と違って、こちらは中心都市、首都によって時期区分をおこない、一貫して通史として書いた。

しかし、個々の叙述はほとんど変わっていないところもある。このことについては、読者のご了解をお願いしたい。同じ長さで同じ通史を書けば、自ずから似てこざるをえないという事情があるのである。

それにしても、ソ連時代七〇年をロシア史のなかに入れてみる試みは成功したかどうか、いささか不安も感じている。その時代を第二のモスクワ時代の第一期だとみることは、ソ連時代の社会体制の独自性を相対化することであり、一貫するロシア史の流れのなかにはめこんでしまうことである。もちろん、それによってソ連時代がもつ世界史的インパクトと意義を低めようというわけではない。そのことをぬきにしては、二十世紀の世界史は成り立たない。ここでは、ソ連史七〇年をロシア史のなかに返すことがねらいである。

今日のロシア人からみれば、過去の歴史の達成は時とともに印象が薄れていくものである。その達成は、すべてロシア人の生活のなかに日常化されているからである。それに反して、人は過去の歴史に含まれる苦い記憶を消し去ることはできない。その記憶を抱いたまま、過去によってかたちづくられた現在の自分と自分の生活をみつめることが、未来へ前進する前提である。

その点でいえば、日本人の戦後とロシア人のペレストロイカ以後の歴史には、ある種の共通性があるように思う。

本書を完成するには、多くの人々のお世話になっている。いちいちお名前をあげないが、感謝を捧げたい。

二〇〇一年三月

和田春樹

ヒストリカル・ガイド
ロシア
2001年4月20日　1版1刷　発行
2021年9月10日　2版4刷　発行
著　者　和田春樹
発行者　野澤武史
発行所　株式会社　山川出版社
〒101-0047　東京都千代田区内神田1-13-13
電話　03(3293)8131(営業)　8134(編集)
振替　00120-9-43993
https://www.yamakawa.co.jp
印刷所　明和印刷株式会社
製本所　株式会社　ブロケード
装　幀　菊地信義
　ISBN978-4-634-64640-7

著者紹介

和田　春樹（わだ・はるき）

1938 年生まれ．東京大学文学部西洋史学科卒業．
東京大学名誉教授．

著書：『ニコライ・ラッセル——国境を越えるナロードニキ』（上・下，中央公論社，1973），『開国——日露国境交渉』（NHK ブックス，1991），『歴史としての社会主義』（岩波新書，1992），『北方領土問題——過去と未来』（朝日新聞社，1999），『朝鮮戦争全史』（岩波書店，2002），『テロルと改革——アレクサンドル二世暗殺前後』（山川出版社，2005），『日露戦争——起源と開戦』（岩波書店，2009），『スターリン批判　1953〜56 年』（作品社，2016），『レーニン——二十世紀共産主義運動の父』（山川出版社，2017），『ロシア革命——ペトログラード　1917 年 2 月』（作品社，2018）

編著：『ロシア史の新しい世界——書物と史料の読み方』（山川出版社，1985），『世界歴史大系　ロシア史』（全 3 巻，山川出版社，1994〜97），『新版世界各国史 22　ロシア史』（山川出版社，2002）

訳書：アレクサンドル・チャヤーノフ『農民ユートピア国旅行記』（共訳，晶文社，1984）

索　引

●ア—オ

アヴァクム 63, 66
Avvakum, Petrovich 1620-82
アスコリド 22
Askol'd ?-882 頃
アストラハン・ハン国 43, 50
アフガニスタン侵攻 183
アラクチェーエフ 92
Arakcheev, Aleksei Andreevich 1769-1834
アレクサンドラ 132, 133, 135, 138
Aleksandra Fyodorovna 1872-1918
アレクサンドル1世 87, 88, 90-92
Aleksandr I Pavlovich 位 1801-25
アレクサンドル2世 96, 100, 107, 109-113
Aleksandr II Nikolaevich 位 1855-81
アレクサンドル3世 107, 113, 114, 116, 119
Aleksandr III Aleksandrovich 位 1881-94
アレクサンドル・ネフスキー 37, 38, 168
Aleksandr Nevskii 1220/3-63
アレクセイ 132, 135, 142
Aleksei Nikolaevich 1904-18
アレクセイ・ミハイロヴィチ 62-64, 67
Aleksei Mikhailovich 位 1645-76
アントーノフ反乱 153
アンドレイ・ボゴリュープスキー 29, 31, 32
Andrei Yur'evich Bogolyubskii 位 1157-74
アンドロポフ 183, 187
Andropov, Yurii Vladimirovich 1914-84
アンナ 77, 78
Anna Ivanovna 位 1730-40
イヴァン3世 16, 43-46
Ivan III Vasil'evich 位 1462-1505
イヴァン4世(雷帝) 47-56, 62, 166, 167
Ivan IV Vasil'evich 位 1533-84
イヴァン・カリター 39
Ivan Kalita, Danilovich 位 1325-41
イーゴリ 22, 24
Igor' 位 912-945
『イーゴリ軍記』 28, 29
イコン 15, 31, 42
イジャスラフ 28, 29
Izyaslav Yaroslavic 位 1054-68, 69, 76
一国社会主義論 157
異論派 179, 182
ヴァシーリー1世 41
Vasilii I 位 1389-1425
ヴァシーリー2世 41, 42
Vasilii II 位 1425-62
ヴァシーリー3世 45-47
Vasilii III 位 1505-33
ヴァシーリー・ブラジェンヌイ聖堂 49, 50
ヴァリャーギ 20, 21, 26
ウィッテ 118-120, 123, 127, 128
Vitte, Sergei Yul'evich 1849-1915

「上からの革命」 69, 105, 160, 162
ヴォルガ川
12, 13, 19, 24, 25, 38, 41-43, 49, 50, 55, 56, 84, 117, 153-155, 169
ヴォルガ・ブルガール
23, 25, 30, 34, 42
ウクライナ 9, 11, 143, 144, 146, 147, 191, 196
ウスペンスキー聖堂 43, 48, 148
ヴラジーミル 26, 27
Vladimir Svyatoslavich 位 980-1015
ヴラジーミル 30-32, 34, 35
ヴラジーミル大公国 8, 35-39
ヴラジーミル・モノマフ 28, 29
Vladimir Monomakh 位 1113-25
エカチェリーナ1世 77
Ekaterina I Alekseevna 位 1725-27
エカチェリーナ2世 70, 71, 80-82, 85-87, 111
Ekaterina II 位 1729-96
エスエル党 121, 128, 143
エセーニン 158
Esenin, Sergei Aleksandrovich 1895-1925
エリザヴェータ 77-80
Elizaveta Petrovna 位 1741-62
エリツィン 185, 186, 188-192, 194-198
El'tsin, Boris Nikolaevich 1931-
エルマーク 55
Ermak Timofeevich ?-1585
オプリーチニナ 51, 52, 54, 56
オリガ 24
Ol'ga ?-969
オレーグ 22, 24
Oleg 位 882-912

● カ—コ

ガイダール 192, 194
Gaidar, Egor Timurovich 1956-
「帰りくる救い主ツァーリ」 58, 83
カザーク(コサック) 47, 55, 58, 59, 62-66, 83, 87, 99, 145
カザン 55, 84, 154, 155
カザン聖堂 91
カザン・ハン国 12, 42, 45, 49
カフカース戦争 98, 102, 106, 107
ガポン 125
Gapon, Georgii Apollonovich 1870-1906
カーメネフ 156, 157, 163
Kamenev, Lev Borisovich(本名 Rosenfel'd) 1883-1936
カラコーゾフ 105
Karakozov, Dmitrii Vladimirovich 1840-66
カルムイク人 154, 155
官等表 75, 78
キエフ大公国 8, 24-29, 32
キセリョフ 97
Kiselev, Pavel Dmitrievich 1788-1872
キプチャク・ハン国 12, 35, 37, 39-43
救世主キリスト聖堂 162, 196, 197
共同体
98, 102, 103, 108, 115, 130, 143, 150
キリル文字 14, 25
キーロフ 162
Kirov, Sergei Mironovich(本名 Kostrikov) 1886-1934
クトゥーゾフ 89-91, 168
Kutuzov(Golenishchev-Kutuzov), Mikhail Illarionovich 1745-1813
グラスノスチ 101, 184, 187
クリコーヴォの戦い 40
クリミア・ハン国 45, 50, 56
クリュチェフスキー 76, 81
Klyuchevskii, Vasilii Osipovich 1841-1911
クリル諸島 103, 109, 169, 172
クルプスカヤ 157

Krupskaya, Nadezhda Konstantinovna 1869-1939
グレープ 27
Gleb Vladimirovich ? -1015
クレムリン
8, 43, 44, 49, 61, 148, 149, 173
クロパトキン 123, 124
Kuropatkin, Aleksei Nikolaevich 1848-1925
クロンシタット 153
ゲルツェン 101
Gertsen, Aleksandr Ivanovich 1812-70
ケレンスキー 141-145
Kerenskii, Aleksandr Fyodorovich 1881-1970
『原初年代記』 15, 21
原爆 172
憲法制定会議 142, 143, 146
五カ年計画 160, 162
国有地農民 75, 97
ココフツォフ 132
Kokovtsov, Vladimir Nikolaevich 1853-1943
ゴーゴリ 96
Gogol', Nikolai Vasil'evich 1809-52
個人崇拝 173, 175
国会(国家ドゥーマ)
89, 128, 130, 131, 139, 141, 195
国家社会主義 161, 168, 183
国家評議会 89, 130, 131
国家保安委員会 198
コノヴァーロフ 131, 142
Konovalov, Aleksandr Ivanovich 1895-1948
コミンテルン 153, 163
コミンフォルム 172
ゴーリキー 162
Gor'kii, Maksim(本名 Aleksei Maksimovich Peshkov) 1868-1936
コルチャーク 152
Kolchak, Aleksandr Vasil'evich 1874-1920
コルニーロフ 144
Kornilov, Lavr Georgievich 1870-1918
ゴルバチョフ 8, 183-192
Gorbachyov, Mikhail Sergeevich 1931-
コンスタンチン 101, 111
Konstantin, Nikolaevich 1827-92
ゴンチャローフ 96
Goncharov, Ivan Aleksandrovich 1812-91

● サ―ソ

ザスーリチ 112
Zasulich, Vera Ivanovna 1849-1919
左派エスエル 146, 147
150, 151, 158
サハリン 13, 109, 116, 127
サハロフ 183
Sakharov Andrei Dmitrievich 1921-89
ジダーノフ 170
Zhdanov, Andrei Aleksandrovich 1896-1948
シチューキン 131
Shchukin, Sergei Ivanovich 1854- ?
ジノヴィエフ 156, 157, 163
Zinov'ev, Grigorii Evseevich (本名 O. A. Radomysl'skii) 1883-1936
シベリア鉄道 117, 118
シャギニャン 155
Shaginyan, Marietta Sergeevna 1888-1982
シャミーリ 98, 102
Shamil' 1797-1871
シュイスキー, ヴァシーリー
57, 60, 61

Shuiskii, Vasilii Ivanovich 位 1606-10
十月詔書 127
銃兵隊 67-69
ジューコフ 164, 177
Zhukov, Georgii Konstantinovich 1896-1974
小ロシア(ウクライナ)人 8
食糧独裁令 150
「新思考」 184, 185, 187
人民戦線 163
「人民の意志」党 112, 113
スヴォーロフ 87
Suvorov, Aleksandr Vasil'evich 1729-1800
スヴャトスラフ 25, 26
Svyatoslav Igorevich 位 945-972
スキタイ人 18
スーズダリ 29-31
スタニスラフスキー 120
Stanislavskii, Konstantin Sergeevich(本名K. S. Alekseev) 1863-1938
スターリン 54, 154, 156, 157, 160, 162-164, 166-169, 172-177, 180, 185, 196
Stalin, Iosif Vissarionovich(本名Dzhugashvili) 1879-1953
スターリングラード 169
スターリン批判 177-179, 186
ステップ 12, 18
ストルイピン 129-131
Stolypin, Pyotr Arkadievich 1862-1911
ズバートフ 122, 125
Zubatov, Sergei Vasil'evich 1864-1917
スプートニク 176, 177
スペランスキー 88, 89, 97
Speranskii, Mikhail Mikhailovich 1772-1839
スラヴ人 19-22, 24
スラヴ派 98
西欧派 98
正教 14, 15, 16, 26
聖ソフィア聖堂 27
セヴァストーポリ 100, 106, 196
ゼムストヴォ 104, 116, 119, 131, 181
全国会議 49, 61, 62, 181
戦争共産主義 152
ソヴィエト 9, 127, 128, 141-146
ソヴィエト社会主義共和国連合 8, 9, 154
双頭の鷲 43, 44
ソフィヤ 67, 68
Sof'ya Alekseevna Romanova 1657-1704
ソルジェニーツィン 178, 180-182
Solzhenitsyn, Aleksandr Isaevich 1918-
ソ連国旗 8, 192
ソロヴェツキー修道院 66

●ター ト

大貴族会議 45
大黒屋光太夫 70
1751-1828
大量抑圧 163, 168, 175
大ロシア人 8
タタール人 37, 154
チェコ軍団 151
チェチェン 98, 106, 195, 198
チェーホフ 116, 120, 122
Chekov, Anton Pavlovich 1860-1904
チェルヌイシェフスキー 103, 104
Chernyshevskii, Nikolai Gavrilovich 1828-89
チェルノフ 143
Chernov, Viktor Mikhailovich 1873-1952
チェルノブイリ原発事故 184, 186
チェルノムイルジン 194, 195
Chernomyrdin, Viktor Stepano-

vich 1938-
地下鉄 162
「血の上の救い主」教会 110
血の日曜日 125, 126, 140
チャイコフスキー 116
Chaikovskii, Pyotr Il'ich 1840-93
チャダーエフ 94, 98
Chaadaev, Pyotr Yakovlevich 1794-1856
チュヴァーシ人 154
朝鮮人 163, 167
朝鮮戦争 172-174
ツァーリ 14, 36, 43, 48
ツァールスコエ・セロー 92, 94, 141, 142
対馬沖海戦 126
デカブリスト 92-94, 96
デンベイ 70, 71
冬宮 73, 85, 112, 125, 145
トゥハチェフスキー 163
Tukhachevskii, Mikhail Nikolaevich 1893-1937
トゥルゲーネフ 96, 104
Turgenev, Ivan Sergeevich 1818-83
独ソ不可侵条約 164
ドストエフスキー 96, 104
Dostoevskii, Fyodor Mikhailovich 1821-81
ドニエストル川 19, 82
ドニエプル川 13, 19, 22, 33, 82
ドミトリー 56-58, 60
Dmitrii Ivanovich 1582-91
ドミトリー・ドンスコイ 39-41, 50, 56-58, 168
Dmitrii Ivanovich Donskoi 1350-89
トルストイ 100, 104, 106, 107
Tolstoi, Lev Nikolaevich 1828-1910
ドレヴリャーネ 24
トロツキー 127, 128, 147, 156, 157, 163, 166
Trotskii, Lev Davidovich(本名 Bronshtein) 1879-1940
ドン川 13

● ナ—ノ

ナロードニキ 108, 115, 118
ニコライ1世 92-99, 110
Nikolai I Pavlovich 位1825-55
ニコライ2世 117, 119, 123, 132, 133, 135, 138, 151
Nikolai II Aleksandrovich 位1894-1917
ニコン 63, 64
Nikon 1605-81
偽ドミトリー1世 59, 60
Lzhedmitrii I 位1605-06
日ソ共同宣言 176, 189, 198
日ソ中立条約 164, 169
ネヴァ川 69
ネクラーソフ 96
Nekrasov, Nikolai Alekseevich 1821-78
ネチャーエフ 108
Nechaev, Sergei Gennadievich 1847-82
ネッセリローデ 97
Nessel'rode, Karl Vasil'evich 1780-1862
ネップ 154, 156, 158, 159, 161
ネフスキー大通り 73, 85, 140
農業集団化 160
ノヴゴロド 22, 23, 27-30, 35-38, 44, 45, 53
農奴解放 102-104
農奴制 56, 62, 75, 79, 86, 92, 96, 99, 101
ノーベル 108, 114
Nobel', Lyudvig 1831-88
ノモンハン事件 164
ノルマン人 20-22

1952-

● ハ―ホ

パーヴェル1世 80, 86, 87
Pavel I 位1796-1801
ハザール王国 12, 19, 20, 22-25
ハジ＝ムラート 98, 107
Khadzhi-Murat 1790年代末-1852
パステルナーク 149, 159
Pasternak, Boris Leonidovich 1890-1960
バルト三国 9, 11, 164, 188, 189, 191
ハンガリー事件 176
ヒヴァ・ハン国 105
東スラヴ人 8, 12, 19, 20
ピョートル1世(大帝) 9, 16, 67-71, 73-79, 85, 98, 166, 196
Pyotr I 位1682-1725
ピョートル2世 77
Pyotr II 位1727-30
ピョートル3世 80, 81
Pyotr III 位1761-62
ビロン 77
Biron, Ernst Iogann 1690-1772
貧農委員会 150
フィラレート 57, 61, 62
Filaret 1554頃-1633
フィンランド 88, 164
プガチョフ 83, 84
Pugachyov, Emel'yan Ivanovich 1740/42-75
プーシキン 59, 92, 94-96
Pushkin, Aleksandr Sergeevich 1799-1837
「扶持」(コルム) 45, 49
プチャーチン 99, 103
Putyatin Efim Vasil'evich 1803-83
プチーロフ 106
Putilov Nikolai Ivanovich 1820-80
プーチン 197, 198
Putin, Vladimir Vladimirovich
復活祭 17
ブハラ・ハン国 105
ブハーリン 147, 156-160, 162, 163
Bukharin, Nikolai Ivanovich 1888-1938
フメリニツキー 63
Khmel'nitskii, Zinovii Bogdan Mikhailovich 1595頃-1657
フョードル1世 56, 57
Fyodor I 位1584-98
フョードル3世 67
Fyodor III 位1676-82
フリーメーソン 86, 92, 131, 139
ブルガーニン 174
Bulganin, Nikolai Aleksandrovich 1895-1975
ブルガール人 24, 25, 26
ブルガール帝国 24, 25
フルシチョフ 173-179
Khrushchyov, Nikita Sergeevich 1894-1971
プレーヴェ 124
Pleve, Vyacheslav Konstantinovich 1846-1904
ブレジネフ 17, 179, 182, 183
Brezhnev, Leonid Il'ich 1906-82
プレハーノフ 112, 115, 121, 124
Plekhanov, Georgii Valentinovich 1856-1918
分領制 32
平和共存 174, 175
ペステリ 94
Pestel', Pavel Ivanovich 1793-1826
ペチェネグ 24, 25
ペチェルスキー修道院 27, 28
ベッサラビア 9, 100, 122, 164
ペテルブルク帝国大学 92, 103, 130
ペテロパウロ要塞 69, 148
ベラルーシ(ベロルシア) 11, 154, 192
ベリヤ 173

Beriya, Lavrentii Pavlovich 1899-1953
ベーリング 70
Bering, Vitus 1681-1741
ベルリンの壁 177
ペルーン 19
ペレスヴェートフ 49
Peresvetov, Ivan Semyonovich 16世紀
ペレストロイカ 11, 184-189
ベロルシア人 8
法典編纂委員会 78, 81, 82
ポクロフ聖堂 31
ポグロム 113, 122
ポジャルスキー 61
Pozharskii, Dmitrii Mikhailovich 1578-1642
北方戦争 75
ポベドノスツェフ 113
Pobedonostsev, Konstantin Petrovich 1827-1907
ポーランド 156, 164, 165, 167
ボリシェヴィキ 122, 128, 140, 144, 145
ボリス 27
Boris Vladimirovich ?-1015
ボリス・ゴドゥノフ 56-59
Boris Godunov 位1598-1605
ポロヴェツ 28, 29, 33
ボロジノの戦い 90

● マーモ

マフノ 152, 153
Makhno, Nestor Ivanovich 1889-1934
マヤコフスキー 158, 159
Mayakovskii, Vladimir Vladimirovich 1893-1930
マルトフ 121, 122
Martov (Tsederbaum, Yulii Osipovich) 1873-1923
マレーヴィチ 158, 159
Malevich, Kazimir Severinovich 1878-1935
マレンコフ 174, 176
Malenkov, Georgii Maksimilianovich 1902-88
ミコヤン 173
Mikoyan, Anastas Ivanovich 1895-1978
ミーニン 61
Minin, Kuz'ma ?-1616
ミハイル 142
Mikhail Aleksandrovich 1878-1918
ミハイロフスキー 118
Mikhailovskii, Nikolai Konstantinovich 1842-1904
ミリュコーフ 139
Milyukov, Pavel Nikolaevich 1859-1943
ミリューチン，ドミトリー 104
Milyutin, Dmitrii Alekseevich 1816-1912
ミリューチン，ニコライ 102
Milyutin, Nikolai Alekseevich 1818-72
ムソルグスキー 59
Musorgskii, Modest Petrovich 1839-81
ムラヴィヨフ，ミハイル 103
Murav'yov, Mikhail Nikolaevich 1796-1866
ムラヴィヨフ，ニキータ 92
Murav'yov, Nikita Mikhailovich 1796-1843
メイエルホリド 158
Meierkhol'd, Vsevolod Emil'evich 1874-1940
メドヴェージェフ 182
Medvedev, Roi Aleksandrovich 1925-
メンシェヴィキ 122, 123, 128
モスクワ芸術座 122, 148
モスクワ大学 80, 100, 116
モスクワ大公国 8, 11

『モスクワ報知』 80, 86, 116
モノマフの冠 48
モロゾフ 148
Morozov, Savva Timofeevich 1862-1905
モロトフ 173, 176
Molotov, Vyacheslav Mikhailovich 1890-1986
門地制度（メストニチェストヴォ） 45, 49

●ヤ―ヨ

ヤルタ協定 172
ユダヤ人 20, 82, 113, 114, 122, 138, 155, 170
ヤロスラフ賢公 27, 28
Yaroslav Vladimirovich Mudryi 位 1019-54
ユーリー・ドルゴルーキー 29, 31
Yurii Vladimirovich Dolgorukii 位 1120 頃-57

●ラ―ロ

ラヴロフ 108, 109
Lavrov, Pyotr Lavrovich 1823-1900
ラージン 12, 64-66
Razin, Stepan Timofeevich 1630 頃-71
ラストレリ 85
Rastrelli, Bartolommeo Francesco 1700 頃-71
ラスプーチン 132, 134, 135, 138, 139
Rasputin, Grigorii Efimovich 1869-1916
ラッパロ条約 156
ラジーシチェフ 86
Radishchev, Aleksandr Nikolaevich 1749-1802
リヴォフ 142
L'vov, Georgii Evgen'evich 1861-1925
リツェイ 92, 94
リャブシンスキー 131
Ryabushinskii, Pavel Pavlovich 1871-1924
リューリク 21, 22
Ryurik 位？-882
臨時政府 142-145
ルイレーエフ 93, 94
Ryleev, Kondratii Fyodorovich 1795-1826
『ルースカヤ・プラウダ』 28
ルース人 20-22
ルツコイ 190, 194
Rutskoi, Aleksandr Vladimirovich 1947-
ルブリョフ 15, 42
Rublyov, Andrei 1360 頃-1430 頃
レーニン 118, 121, 122, 131, 132, 139, 143-147, 149-151, 153-157, 166, 176
Lenin, Vladimir Il'ich 1870-1924
レニングラード 169, 170, 171, 174, 198
レーニン廟 157, 178
ロシア国旗 8, 192
ロストフツェフ 102, 111
Rostovtsev, Yakov Ivanovich 1803-60
露仏同盟 117
ロマノフ，ミハイル 62
Romanov, Mikhail Fyodorovich 位 1613-45
ロモノーソフ 80
Lomonosov, Mikhail Vasil'evich 1711-65
ロリス＝メリコフ 110, 111, 113
Loris-Melikov, Mikhail Tarielovich 1825-88

年　表

年　号	事　　　項
7世紀	ハザール，ヴォルガ川流域に建国
8世紀	東スラヴ人，ハザールに貢納
9世紀	ルース人，ヴォルガ川流域に拡大
862	伝承によればリューリク，ノヴゴロドの支配者となる
882	オレーグ，キエフにいたる
957	オリガ，キリスト教に改宗
965	スヴャトスラフ，ハザールを滅ぼす
989	ヴラジーミル，ギリシア正教を国教とする
1147	年代記にモスクワの名が最初に出る
1237	モンゴル軍，ロシア侵入
1242	アレクサンドル・ネフスキー，ドイツ騎士団を破る
1243	キプチャク・ハン国誕生
1276	モスクワ公国出現
1299	府主教座，キエフからヴラジーミルへ移る
1325	イヴァン1世(カリター)，モスクワ公となる
1326	府主教座，ヴラジーミルからモスクワへ移る
1380	クリコーヴォの戦い
1437	カザン・ハン国誕生
1472	イヴァン3世，ビザンツ皇帝の姪と結婚
1547	イヴァン4世，ツァーリとして戴冠
1552	カザン・ハン国征服
1558	リヴォニア戦争開始
1565	オプリーチニナ制導入
1570	ノヴゴロドの破壊
1582	リヴォニア戦争敗北に終わる．エルマーク，シベリア・ハン国首都占領
1584	フョードル即位．妃の兄ボリス・ゴドゥノフ実権をにぎる
1597	逃亡農奴捜索の期限を5年とする法令．農奴制の完成
1598	ボリス・ゴドゥノフ即位
1604	偽ドミトリー挙兵(動乱の開始)
1610	ポーランド軍，モスクワ占領
1612	ポジャルスキー軍，モスクワ解放
1613	全国会議，ミハイル・ロマノフをツァーリに推戴(動乱の終わり)

1648	ボグダン・フメリニツキーの対ポーランド・ウクライナ独立戦争
1649	「会議法典」制定
1667	キエフと左岸ウクライナ，ロシア領となる．ニコンの総主教職剝奪，古儀式派を破門
1670	スチェンカ・ラージンの反乱(〜71)
1689	ネルチンスク条約締結
1694	ピョートル，国政の実権をとる
1696	アゾフ攻略
1697	ピョートル，西欧に大使節団派遣
1700	北方戦争の開始．ナルヴァの戦い
1703	ペテルブルクの建設開始
1709	ポルタヴァの勝利
1714	一子相続令．貴族子弟への教育強制
1718	全国人口調査．参議会の設置開始
1721	ニスタット講和．ピョートル，皇帝の称号を受ける．総主教職廃止
1722	人頭税賦課．官等表の制定．帝位継承法制定
1725	科学アカデミーの開設．ベーリングの北太平洋探検
1753	内国関税の廃止
1755	モスクワ帝国大学創設
1761	ピョートル3世即位．プロイセンと講和締結
1762	貴族の自由の詔書．エカチェリーナのクーデタ
1767	エカチェリーナ2世の「訓令」と法典委員会開設
1772	第1次ポーランド分割
1773	プガチョフの反乱(〜75)
1775	営業の自由を布告．地方行政改革
1783	クリミア・ハン国併合．農奴制をウクライナへ拡大
1785	貴族と都市にたいする特権認可状
1795	第3次ポーランド分割
1796	パーヴェル1世即位
1797	男系長子相続による帝位継承法制定
1800	パーヴェル，ナポレオンと同盟
1801	パーヴェル殺害．アレクサンドル1世即位．非公式委員会活動開始
1802	8省と大臣委員会の設置
1804	グルジアを支配．カザン帝国大学創設
1807	ティルジット条約締結．大陸封鎖に参加
1810	スペランスキーの提案で国家評議会設置．大陸封鎖から離脱
1812	スペランスキー失脚．対ナポレオン祖国戦争
1815	アレクサンドル，神聖同盟を提案
1816	アラクチェーエフの屯田兵制実施

1819	ペテルブルク帝国大学創設
1822	保護関税
1825	デカブリストの反乱．ニコライ1世即位
1826	皇帝直属官房第三部設置．検閲法．アルメニア併合
1833	『ロシア帝国法全書』編集．ウンキャル・スケレッシ条約締結
1851	鉄道，首都ペテルブルクとモスクワを結ぶ
1853	クリミア戦争はじまる
1855	日露通好条約締結．アレクサンドル2世即位．セヴァストーポリ陥落
1857	大改革開始．ゲルツェン，ロンドンで新聞『鐘』発刊
1860	北京条約でウスリー地方獲得．国立銀行設立
1861	農奴解放令
1863	大学令制定．ポーランド反乱
1864	ゼムストヴォ制度導入．初等国民学校法・中学校令制定．司法制度改革
1866	カラコーゾフの皇帝狙撃
1868	サマルカンド，ブハラの占領
1873	三帝同盟
1874	兵役令．ヴ・ナロード運動
1877	露土戦争はじまる
1878	サン・ステファノ条約締結．ベルリン会議．ザスーリチの狙撃事件
1879	「人民の意志」党組織．皇帝狙撃
1881	皇帝暗殺．アレクサンドル3世即位
1882	人頭税の廃止．ユダヤ人臨時規程
1884	新大学令制定
1889	反改革(～90)
1891	シベリア鉄道起工．高率保護関税採用．露仏政治協定．飢饉発生
1892	ウィッテ蔵相任命
1894	ニコライ2世即位
1895	日本に三国干渉
1897	金本位制導入．初の国勢調査．労働時間法制定
1898	旅順・大連の租借
1899	フィンランド自治停止．全国学生ゼネスト
1900	満州占領．恐慌起こる
1901	学生運動激化．エスエル党結党
1903	社会民主党実質的結党．南ロシアでゼネスト
1904	日露戦争開始．内相暗殺
1905	第1次革命，血の日曜日事件．ポーツマス講和．十月詔書発布．ウィッテ内閣成立
1906	憲法制定．国会開設．ストルイピン内閣成立

1907	選挙法抜き打ち改正
1911	ストルイピン暗殺
1914	第一次世界大戦参戦
1915	大退却．政治危機
1917	ロシア革命，帝政打倒．レーニン政権誕生．憲法制定会議解散
1918	ブレスト＝リトフスク講和．食糧独裁令．左派エスエルの反乱．内戦と干渉戦開始
1919	コミンテルン結成，共産党綱領制定
1920	南部の白衛軍敗北．タムボフ県農民反乱
1921	ネップ採用．クロンシタット反乱鎮圧
1922	エスエル裁判．ソ連邦成立
1924	レーニン死去
1927	戦争恐怖高まる．穀物調達危機
1928	非常措置．五カ年計画開始．スターリンとブハーリンの対立
1929	全面的農業集団化．文化革命開始
1934	17 回党大会．国際連盟加盟．キーロフ暗殺
1935	コミンテルン 7 回大会．スタハーノフ運動開始
1936	スターリン憲法制定．粛清裁判
1937	大量抑圧
1939	ノモンハン事件．独ソ不可侵条約．ソ連・フィンランド戦争はじまる
1941	日ソ中立条約．独ソ戦はじまる
1943	スターリングラード戦勝利，クルスク戦勝利
1945	対独勝利．対日参戦
1946	冷戦はじまる．ジダーノフ報告
1948	ユーゴ破門，追放
1949	レニングラード事件．コスモポリタニズム批判．原爆保有
1950	朝鮮戦争支援
1953	スターリン死去．マレンコフ首相，ベリヤ逮捕
1954	水爆実験
1955	ワルシャワ条約機構軍発足
1956	第 20 回党大会，フルシチョフのスターリン批判
1957	フルシチョフ，「反党グループ」に勝利
1959	フルシチョフ訪米
1960	中ソ対立表面化
1961	ベルリンの壁構築．22 回党大会で新綱領採択，第 2 次スターリン批判
1962	キューバ危機．ソルジェニーツィン登場
1963	部分核停条約
1964	フルシチョフ退陣，後任書記長ブレジネフ
1968	ソ連軍，プラハ占領

1974	ソルジェニーツィン国外追放
1977	新憲法制定．ブレジネフ最高会議議長兼務
1979	SALT II 調印．ソ連軍アフガニスタン侵攻
1980	サハロフ流刑．モスクワ・オリンピック開催
1982	ブレジネフ死去．アンドロポフ書記長就任
1985	ゴルバチョフ書記長就任
1986	チェルノブイリ原発事故．ペレストロイカ開始
1987	企業自主化．INF 全廃条約調印
1989	連邦人民代議員選挙．東欧変革承認
1990	大統領制導入，共産党一党制廃止．バルト三国独立宣言．地方の自由選挙．市場経済移行決定
1991	反ゴルバチョフ・クーデタ，ロシアの革命，エリツィン大統領就任．ソ連共産党活動停止，ソ連邦廃止
1992	価格自由化
1993	大統領と最高会議の衝突．最高会議の反乱，大統領のクーデタ
1994	ロシア政府，チェチェン侵攻
1998	金融破局
1999	モスクワでテロ頻発．エリツィン辞任
2000	プーチン大統領当選．チェチェン再攻撃
2001	プーチン・森のイルクーツク声明，米国の反テロ闘争に協力表明
2002	モスクワでチェチェン勢力，劇場占拠事件
2003	イラク戦争に反対声明，石油王ホドルコフスキー逮捕
2004	プーチン大統領再選，中国との国境問題解決発表，ベスランでの学校占拠事件
2006	女性記者ポリトフスカヤ殺害
2008	メドヴェージェフ大統領，プーチン首相体制となる．グルジア戦争はじまる，南オセチアとアブハジアの独立承認
2010	メドヴェージェフ大統領国後《くなしり》島訪問
2012	プーチン大統領に復帰，反対する市民デモおこる
2014	ソチで冬季オリンピック．ロシアのクリミア併合
2018	プーチン大統領にふたたび再選
2021	反政府指導者ナヴァリヌイを弾圧

参考文献

A　ロシア全体について

(1)　クリュチェフスキー，八重樫喬任訳『ロシア史講話』(全5巻) 恒文社　1979-83
(2)　リハチョーフ，長縄光男訳『文化のエコロジー――ロシア文化論ノート』群像社　1988
(3)　田中陽児・倉持俊一・和田春樹編『世界歴史大系　ロシア史』(全3巻) 山川出版社　1995-97
(4)　川端香男里・佐藤経明・中村喜和・和田春樹監修『ロシア・ソ連を知る事典 (増補版)』平凡社　1993
(5)　川端香男里『ロシア　その民族とこころ』悠思社　1991
(6)　藤沼貴・小野理子・安岡治子『新版ロシア文学案内』岩波文庫　2000
(7)　藤本和貴夫編『ロシア学を学ぶ人のために』世界思想社　1996
(8)　和田春樹編『ロシア史の新しい世界――書物と資料の読み方』山川出版社　1986
(9)　和田春樹・松里公孝他編『スラブの歴史』弘文堂　1995
(10)　J.チャノン・R.ハドソン，桃井緑美子訳『地図で読む世界の歴史　ロシア』河出書房新社　1999

B　キエフ・ルーシからロシア帝国まで

(1)　国本哲男他訳『原初年代記』名古屋大学出版会　1987
(2)　リハチョフ・パンチェンコ・ポヌルイコ，中村喜和・中沢敦夫訳『中世ロシアの笑い』平凡社　1989
(3)　スクルィンニコフ，栗生沢猛夫訳『イヴァン雷帝』成文社　1994
(4)　栗生沢猛夫『ボリス・ゴドゥノフと偽のドミトリー』山川出版社　1997
(5)　土肥恒之『ピョートル大帝とその時代』(中公新書)　1992
(6)　土肥恒之『「死せる魂」の社会史』日本エディタースクール出版部　1989
(7)　中村喜和『聖なるロシアを求めて――旧教徒のユートピア伝説』平凡

社　1990
(8)　R. スミス・D. クリスチャン，鈴木健夫他訳『パンと塩――ロシア食生活の社会経済史』平凡社　1999
(9)　中村仁志『プガチョフの反乱――良きツァーリはよみがえる』平凡社　1987
(10)　H. トロワイヤ，工藤庸子訳『イヴァン雷帝』（中公文庫）　1987
(11)　H. トロワイヤ，工藤庸子訳『ピョートル大帝』（中公文庫）　1987
(12)　H. トロワイヤ，工藤庸子訳『エカチェリーナ女帝（上・下）』（中公文庫）　1985
(13)　H. トロワイヤ，工藤庸子訳『アレクサンドル一世』中央公論社　1988
(14)　H. トロワイヤ，福住誠訳『帝政末期のロシア』新読書社　2000
(15)　岩間徹『プーシキンとデカブリスト』誠文堂新光社　1981
(16)　外川継男『ゲルツェンとロシア社会』御茶の水書房　1973
(17)　和田春樹『テロルと改革――アレクサンドル二世暗殺前後』山川出版社　2005
(18)　和田春樹『ニコライ・ラッセル――国境を越えるナロードニキ（上・下）』中央公論社　1973
(19)　和田春樹『開国――日露国境交渉』日本放送出版協会　1994
(20)　R. ヒングリー，川端香男里訳『19世紀ロシア作家と社会』（中公文庫）　1984
(21)　和田春樹・あき子『血の日曜日』（中公新書）　1970
(22)　保田孝一『最後のロシア皇帝――ニコライ二世の日記（増補）』朝日新聞社　1990
(23)　D. リーヴェン，小泉摩耶訳『ニコライ2世――帝政ロシア崩壊の真実』日本経済新聞社　1993
(24)　E. ラジンスキー，工藤精一郎訳『皇帝ニコライ処刑――ロシア革命の真相（上・下）』日本放送出版協会　1993
(25)　J. リード，原光雄訳『世界をゆるがせた十日間（上・下）』（岩波文庫）　1957

C　赤いモスクワから三色旗のモスクワまで

(1)　E. H. カー，塩川伸明訳『ロシア革命』岩波書店　1979（再刊1999）

(2) 和田春樹『農民革命の世界――エセーニンとマフノ』東京大学出版会 1978
(3) 和田春樹『歴史としての社会主義』(岩波新書) 1992
(4) 石井規衛『文明としてのソ連』山川出版社 1995
(5) R.パイプス，西山克典訳『ロシア革命史』成文社 2000
(6) 塩川伸明『現存した社会主義――リヴァイアサンの素顔』勁草書房 1999
(7) A.ラーリナ，和田あき子訳『夫ブハーリンの想い出（上・下)』岩波書店 1990
(8) A.ヤロシンスカヤ，和田あき子訳『チェルノブイリ極秘』平凡社 1994
(9) 和田春樹『私のみたペレストロイカ』(岩波新書) 1987
(10) 和田春樹『ペレストロイカ――成果と危機』(岩波新書) 1990
(11) 和田春樹『ロシアの革命』(岩波ブックレット) 1991
(12) 石郷岡建『ソ連崩壊 1991』書苑新社 1998
(13) 中澤孝之『ベロヴェーシの森の陰謀』潮出版社 1999
(14) 木村汎『ボリス・エリツィン』丸善 1997
(15) 木村汎『プーチン主義とはなにか』角川書店 2000
(16) B.パステルナーク，江川卓訳『ドクトル・ジバゴ（I-II)』時事通信社 1980
(17) ソルジェニーツィン，木村浩訳『収容所群島』(全6巻) 新潮文庫 1975-78
(18) ソルジェニーツィン，井桁貞義他訳『廃墟のなかのロシア』草思社 2000
(19) 和田春樹『北方領土問題――歴史と未来』朝日新聞社 1999

写真引用一覧

1——Erich Donnert, *Russia : In the Age of Enlightenment*, Edition Leipzig, 1986.
2——*Sankt-Peterburg*, P-2, Sankt-Peterburg, 1999.
3——V. S. Antonov, *Illiustrirovannaia istoriia SSSR*, Mysl', Moscow, 1987.
4——*Teofil' Got'e, Puteshestvie v Rossiiu*, Mysl', Moscow, 1988.
5——Stephen White, *The Bolshevik Poster*, Yale University Press, 1988.
6——Vasilii Belov, *Lad : ocherki o narodnoi estetiki*, Molodaia gvardiia, Moscow, 1989.
7——*Rodina*, 1996, No. 5.
8——*Rodina*, 1997, No. 10.
9——Gregory L. Freeze, *Russia : A History*, Oxford University Press, 1997.
10——*Russkii plakat Pervoi mirovoi voiny*, Iskusstvo i kul'tura, Moscow, 1992.
11——R. G. Skrynnikov, *Rossiia nakanune "smutnogo vremeni"*, vtoroe, dopolnennoe izdanie, M., 1985.
12——*ibid*.
13——*Rodina*, 1993, No. 1.
14——*Rodina*, 1995, No. 3-4.
15——*Rodina*, 1996, No. 2.
16——*Rodina*, 1996, No. 11.
17——*Rodina*, 1995, No. 7.
18——Planeta Publishers, Moscow U.S.S.R., 1991.（中村喜和監修『郷愁のロシア―帝政最後の日々』朝日新聞社　1991）
19——*Catalogue de l'exposition Paris-Moscou organisée par le Ministre de la Culture de l'URSS*, Moscou et le Centre Georges Pompidou, Paris, 1979.
20——A. P. Nenarokov, *1917 : Kratkaia istoriia, dokumenty, fotografii*, Izdatel'stvo politicheskoi literatury, Moscow, 1988.
21——Lancelot Lawton, *The Russian Revolution*（*1917-1926*）, Macmillan and Co., Limted, London, 1927.
22——*Moskva v russkoi i sovetskoi zhivopisi*, Sovetskii khudozhnik, Moscow, 1987.
23——Jean-Baptiste Duroselle, *L'Europe, Histoire de Ses Peuple*.
24——Alexander Proskurin (ed.), *USSR : Chronicle of a Decade*, Novosti Publishers, 1991.

口絵 p. 1——世界文化フォト提供
p. 2——**1**, p. 198
p. 3 上——**2**, p. 61
p. 3 下——**3**, p. 37
p. 4 上——PPS 通信社提供
p. 4 下——**1**, p. 76
p. 5——**2**, p. 92
p. 6——**5**, p. 90
p. 7——PANA 通信社提供
p. 8——**6**, p. 179
p. 13——**7**, p. 4
p. 21——**8**, p. 13
p. 27——**9**, p. 6
p. 31——**3**, p. 21
p. 37——**3**, p. 22
p. 40——**3**, p. 28
p. 44 上——**10**, 表紙
p. 44 下——**3**, p. 30
p. 48 左——**3**, p. 43
p. 48 右——**3**, p. 43
p. 50——世界文化フォト提供
p. 53——**11**, pp. 64-65
p. 55——**9**, p. 33
p. 57——**12**, pp. 128-129
p. 64——**9**, p. 73
p. 68——**1**, p. 36
p. 71——**3**, p. 68
p. 73——**1**, p. 149
p. 81——**13**, p. 97
p. 84——**3**, p. 80
p. 85——**1**, p. 51
p. 90——**3**, p. 102

p. 91——**4**, p. 61
p. 93——**3**, p. 112
p. 94——**3**, p. 118
p. 98——**4**, p. 31
p. 101——**14**, p. 141
p. 106——**3**, p. 250
p. 110——**15**, p. 68
p. 115——**4**, p. 232
p. 118——**16**, p. 19
p. 119——**17**, p. 43
p. 121——**18**, p. 31
p. 126——**3**, p. 200
p. 132——**19**, p. 31
p. 134——**18**, p. 65
p. 137——**10**, p. 65
p. 145——**20**, p. 182
p. 150——**3**, p. 287
p. 151——**5**, p. 31
p. 154——**21**, 口絵
p. 159 上——**19**, p. 105
p. 159 下——**5**, p. 73
p. 161 左——**3**, p. 328
p. 161 右——**22**, No. 86
p. 166——**21**, p. 184-185
p. 169 上——**5**, p. 123
p. 169 下——**3**, p. 368
p. 175——PANA 通信社提供
p. 177——PPS 通信社提供
p. 180——**23**, p. 405
p. 182——**24**, p. 15
p. 185——**24**, p. 129
p. 186——**24**, 表紙
p. 191——PANA 通信社提供
p. 197——世界文化フォト提供

カバー表——**2**, p. 71
カバー裏——**2**, p. 32